21世纪普通高等院校实训教材

对外贸易模拟操作实训教程

主　编○王晓辉　刘军荣

西南财经大学出版社
Southwestern University of Finance & Economics Press

图书在版编目(CIP)数据

对外贸易模拟操作实训教程/王晓辉,刘军荣主编. —成都:西南财经大学出版社,2015.1

ISBN 978 - 7 - 5504 - 1712 - 0

Ⅰ.①对… Ⅱ.①王…②刘… Ⅲ.①对外贸易—中国—教材
Ⅳ.①F752

中国版本图书馆 CIP 数据核字(2014)第 287693 号

对外贸易模拟操作实训教程

王晓辉　刘军荣　主编

责任编辑:邓克虎
助理编辑:唐一丹
封面设计:何东琳设计工作室
责任印制:封俊川

出版发行	西南财经大学出版社(四川省成都市光华村街55号)
网　址	http://www.bookcj.com
电子邮件	bookcj@foxmail.com
邮政编码	610074
电　话	028 - 87353785　87352368
照　排	四川胜翔数码印务设计有限公司
印　刷	四川森林印务有限责任公司
成品尺寸	185mm × 260mm
印　张	10.25
字　数	190 千字
版　次	2015 年 1 月第 1 版
印　次	2015 年 1 月第 1 次印刷
印　数	1— 2000 册
书　号	ISBN 978 - 7 - 5504 - 1712 - 0
定　价	24.80 元

前　言

　　加入世界贸易组织（WTO）以来，中国的对外贸易发展速度惊人，大部分年份都保持了 20% 以上的增长速度。中国在 2013 年超过美国成为世界第一大货物贸易国，长期的大额对外贸易顺差也使中国成为外汇储备最多的国家。但是近几年国际国内经济形势的变化影响了中国对外贸易规模的进一步发展，中国外贸需要向纵深发展，市场对对外贸易专业人才提出了新的要求。新形势下的外贸人才不仅需要熟练掌握外贸专业基础知识和技能，而且需要以国际贸易业务为主线，将国际贸易实务中的很多知识系统地囊括起来，还要能够将寻找贸易机会到签订贸易合同再到履行完贸易合同的整个过程中所涉及的知识形成一个相对完备的知识体系，利用各种方式争取订单和控制成本，以达到利润最大化。提高专业技能和综合实践能力就成为了目前培养国际经济与贸易专业大学生的指导思想。这对国际贸易专业的实务类课程提出了新的要求。

　　国际贸易专业的实务类课程基本上都以国际贸易业务为主线串联在一起，由于业务环节众多、涉及面广，被分为了多门课程进行教学，比如商务谈判、外贸函电、外贸跟单、外贸单证制作、报关报检、国际结算和国际货物运输与保险等课程。这些课程的教学一般分散在两年的时间里完成，由于时间跨度较大，学生很可能学了后面的忘了前面的，而且掌握的知识比较零散，各门课程的知识内容缺乏联系、统筹和协调。单独学习这些课程，学生很难系统地掌握国际贸易实务知识体系，对各门课程的理解程度也不深，进入实际工作后会很难适应。对外贸易模拟操作课程以对外贸易业务为主线，将对外贸易实务中的很多知识串联在一起，能让学生把以前单独学习的各门实务课程的知识融会贯通，使学生对国际贸易业务知识体系的理解再上一个台阶。鉴于对外贸易模拟操作课程的重要性和目前该课程教材短缺的现实，我们结合实训软件编写了这本《对外贸易模拟操作实训教程》，希望能够为学生的实际操作训练提供指导。

　　本教程根据国际贸易的有关惯例和我国对外贸易的实际，结合浙科国际贸易进出口模拟教学软件（实训平台），详细阐述了对外贸易实务的业务流程和操作规范。本教程的特点是将国际贸易实务的基本知识与浙科国际贸易进出口模拟教学软件（实训平台）相结合，以对外贸易实务的业务流程为主线，详细地介绍了不同贸易术语和结算方式下的贸易业务的操作流程和规范，为学生提供了一个在模拟实训中掌握进出口交易流程和基本技能的有效途径。

本教程分为三个模块，共八章，重点介绍了不同贸易术语和结算方式下的贸易业务的操作流程和规范。第一个模块是对外贸易实务基础，共三章，分别是对外贸易概述、国际贸易术语和对外贸易实务的基本流程。第二个模块是浙科国际贸易进出口模拟教学软件的操作，共两章，分别是浙科国际贸易进出口模拟教学软件简介和浙科国际贸易进出口模拟教学软件的操作说明。第三个模块是对外贸易模拟操作实训，共三章，分别是 FOB 成交方式的实训、CFR 成交方式的实训和 CIF 成交方式的实训。本教程可供高等院校国际经济与贸易专业作教材和教学参考书用，也可作为外贸工作者的培训教材和自学参考书。

本教程借鉴了前辈及同行们的许多有价值的成果，很多参考资料已在参考文献中列出，但是由于篇幅有限，不能逐一列举，在此对相关作者的辛勤劳动表示感谢。由于编者水平和实践经验有限，本书中难免会有浅薄纰漏之处，恳请读者和各位专家、同行批评、指正。

王晓辉

2014 年 5 月 24 日

目 录

第三篇　对外贸易模拟操作实训

第一篇
对外贸易实务基础

第一章 对外贸易概述

第一节 对外贸易的概念与特点

一、对外贸易的概念

对外贸易（Foreign Trade）是指一个国家（或地区）同别的国家（或地区）所进行的货物、劳务或技术交换活动。交换双方约定，卖方应将买卖标的物的所有权或使用权转让给买方，买方应将货物价款或等值物品交付给卖方。一些海岛国家如英国、日本等，也常用"海外贸易"（Oversea Trade）表示对外贸易。

从全世界范围来看，不同国家间的货物、劳务或技术的交换活动，被称为国际贸易（International Trade）或世界贸易（World Trade）。全世界各个国家的对外贸易构成世界范围的贸易，即国际贸易。

国际贸易是国际经济活动中最主要和最基本的形式，也是世界经济发展的重要因素。随着国际分工和世界市场的不断发展，国际贸易也在不断地扩大和发展，并且反过来促进了世界经济的发展；同时，对外贸易开展得较好的国家的经济也都得到了较好的发展。因此，各国都在大力发展对外贸易，以实现其国民经济的增长。

二、对外贸易的特点

对外贸易在交易环境、交易条件、贸易做法等方面涉及的问题远比国内贸易复杂，其特点主要表现在下面五个方面：

（一）对外贸易属跨国交易，情况错综复杂

对外贸易的交易双方处在不同的国家和地区，各国的政治制度、法律体系不同，文化背景和价值观念也往往有别，在洽谈交易和履约过程中，涉及各自不同的政策措施、法律规定、贸易惯例和习惯做法，情况千差万别、错综复杂。

（二）对外贸易线长面广，中间环节多

在对外贸易中，交易双方相距遥远，存在许多中间环节，涉及面很广。除了当事人外，还涉及各种中间商、代理商以及为对外贸易服务的商检、仓储、运输、保险、金融、车站、港口、海关等部门。任何一个部门、一个环节出了问题，都会影响整笔交易的正常进行。

（三）对外贸易面临的风险比国内贸易大

对外贸易的成交量一般都比国内贸易大，而且交易的商品往往需要通过长途运输。在远距离的运输过程中，可能遇到各种自然灾害、意外事件和各种其他外来风险。另外，对外贸易易受国际政治、经济形势和各国政策及其他客观条件变化的影响，面临的情况错综复杂、千变万化，加大了对外贸易的风险程度。

（四）国际市场的竞争异常激烈，对外贸易的难度日渐加大

国际市场中一直存在着剧烈的市场争夺，竞争有时甚至达到白热化的程度。世界各国都把对外贸易作为发展本国经济的重要途径，纷纷出台鼓励对外贸易的措施和手段。在促进本国出口、争夺国际市场的同时，很多国家还设置种种壁垒阻碍别国的出口，导致对外贸易的难度日渐加大。

（五）对对外贸易从业人员的素质要求较高

国际市场竞争的形式虽表现为商品竞争、技术竞争和市场竞争，但归根到底，还是人才的竞争。对外贸易从业人员不仅要精通外语、掌握外贸专业理论知识和基本技能、熟悉国际贸易惯例，而且要有良好的商业信誉，善于交流，具有开拓创新、驾驭市场、善于应对挑战和随机应变的能力。因此，我们必须提高竞争意识，提高对外贸易人员的整体素质，才能增强竞争能力，在国际市场竞争中站稳脚跟。

第二节　对外贸易的分类

对外贸易经过长期的发展，出现了不同的种类，一般可以按以下方式划分：

一、按商品移动的方向划分

1. 进口贸易（Import Trade）

进口贸易是指一国从他国购进商品，用于国内生产或非生产消费的活动。从广义上说，进口也包括所谓的无形进口，即某一国家在运输、保险、贷款、旅游、技术等方面从其他国家获得的劳务。

2. 出口贸易（Export Trade）

出口贸易是指一国向他国出售商品的活动。从广义上说，出口也包括所谓的无形出口。进口贸易和出口贸易是就每笔交易的双方而言的。对于卖方而言，是出口贸易；对于买方而言，就是进口贸易。此外，输入该国的商品再输出时，称为复出口；输出国外的商品再输入该国时，称为复进口。

3. 过境贸易（Transit Trade）

A 国的商品经过 C 国境内运至 B 国市场销售，对 C 国而言就是过境贸易。

4. 转口贸易（Transit Trade）

C 国的贸易公司把从 A 国进口来的商品转卖到 B 国市场，对 C 国而言就是转口贸

易。转口贸易参与交易的整个过程，起着转手的作用，通过一买一卖来赚取利润。

二、按商品的形态划分

1. 有形贸易（Visible Trade）

有形贸易是指实物形态的商品的进出口。例如，机器、设备、家具、成衣等都是有实物形态的商品，这些商品的进出口称为有形贸易。有形贸易必须经过海关进出口通关。

2. 无形贸易（Invisible Trade）

无形贸易是指非实物形态的技术和服务的进出口。例如，专利使用权的转让、旅游、金融保险企业跨国提供服务等。

三、按生产国和消费国在贸易中的关系划分

1. 直接贸易（Direct Trade）

直接贸易是指商品生产国与商品消费国不通过第三国进行买卖商品的行为。贸易的出口国方面称为直接出口方，进口国方面称为直接进口方。

2. 间接贸易（Indirect Trade）

间接贸易是指商品生产国与商品消费国通过第三国进行买卖商品的行为。间接贸易中的生产国称为间接出口国、消费国称为间接进口国，而第三国则是转口贸易国，第三国所从事的就是转口贸易。

四、按贸易参加国的数量划分

1. 双边贸易（Bilateral Trade）

双边贸易是指两国之间通过协议在双边结算的基础上进行的贸易。在这种贸易中，双方各以一方的出口支付从另一方的进口，这种方式多实行于外汇管制国家。另外，双边贸易也泛指两国间的贸易往来。

2. 多边贸易（Multilateral trade）

多边贸易也称多角贸易，是指三个或三个以上的国家通过协议在多边结算的基础上进行互有买卖的贸易。

第三节　对外贸易适用的法律与惯例

一、国内相关法律

在对外贸易中，交易双方所属国家不同，他们都应遵守各自所在国的国内法律。由于各国法律制度不同，对同一问题各国往往有不同的规定，为了解决这种"法律冲突"，一般在国内法中会规定冲突规范的办法。《中华人民共和国合同法》第126条规定："涉外合同的当事人可以选择处理合同争议所适用的法律，但法律另有规定者除

外。涉外合同的当事人没有选择的，适用与合同有密切联系的国家的法律。"

二、国际条约或公约

在国际货物买卖中，还必须遵守国家对外缔结或参加的有关国际贸易、国际运输、商标、专利、工业产权与仲裁等方面的条约和协定，如《联合国国际货物销售合同公约》和同各国签订的双边贸易协定与支付协定等。

三、国际贸易惯例

国际贸易惯例是国际组织或者权威机构为了减少贸易争端、规范贸易行为，在长期、大量的贸易实践的基础上逐渐形成的，根据一般贸易习惯所制定的成文规则。根据当事人意思自治的原则，这些规则被国际上普遍接受和广泛适用，而成为公认的国际贸易惯例。国际贸易惯例本身虽不是法律，对合同当事人不具有强制性，但买卖双方若在合同中约定采用某种惯例，则该项惯例就具有强制性，买卖双方都应受其约束。当买卖合同中作了与国际贸易惯例相抵触的规定，本着法律优先于惯例的原则，在履行合同和处理争议时，应以买卖合同的规定为准。

准确理解国际贸易惯例的基本含义，应把握以下特征：

第一，习惯性。国际贸易惯例是在国际贸易某些习惯做法的基础上产生的。但并不是任何一种贸易习惯都可以成为国际贸易惯例，更不能将国际贸易实践中的某些习惯做法与国际贸易惯例这两个不同层次的概念混淆起来，视为同义语。

第二，权威性。国际贸易惯例通常是由国际上的权威组织编撰的成文规则，如国际商会制定的《国际贸易术语解释通则》等。凡未经国际组织编撰成文的某些贸易习惯，不能视为国际贸易惯例。

第三，国际性。国际贸易惯例必须是国际上普遍接受和广为适用的规则。国际市场上尚未被人们普遍接受，甚至还遭到抵制和强烈反对的某些做法，不能视为国际上通行的习惯做法，更不能视为国际贸易惯例；即使某些做法已成为习惯做法，或在某地区、某行业或某港口成为惯例，但未被各国普遍接受和广为适用，由于其适用范围的局限性，也不能视为通行的国际贸易惯例。

第四，规范性。国际贸易惯例作为一种重要的规则，一经双方当事人协商选定，就明确了双方的权利、义务，对双方产生约束，进行规范。这种规范、约束作用的前提是遵循意思自治的原则。

当前国际贸易中影响很大和广泛使用的国际贸易惯例有国际商会制定的《2010 年国际贸易术语解释通则》（INCOTERMS 2010）、《跟单信用证统一惯例》（UCP600）、《托收统一规则》（URC522）和国际法协会制定的《1932 年华沙—牛津规则》。

第二章 国际贸易术语

第一节 有关国际贸易术语的国际贸易惯例

贸易术语是在国际贸易实践中逐渐形成的。在相当长的时间内，国际上没有形成对各种贸易术语的统一解释。不同国家和地区在使用贸易术语和规定交货条件时，有着各种不同的解释和做法。这样一来，一个合同的当事人对于对方国家的习惯解释，往往不甚了解，这就会引起当事人之间的误解、争议和诉讼，既浪费各自的时间和金钱，也影响国际贸易的发展。为了解决这一问题，国际商会、国际法协会等国际组织以及美国一些著名商业团体经过长期的努力，分别制定了解释国际贸易术语的规则，这些规则在国际上被广泛采用，因而成为一般的国际贸易惯例。

有关贸易术语的国际贸易惯例主要有三种，即《1932年华沙—牛津规则》《1941年美国对外贸易定义修订本》和《2010年国际贸易术语解释通则》。

一、《1932年华沙—牛津规则》（*Warsaw-Oxford Rules* 1932）

19世纪中叶，CIF贸易术语在国际贸易中广泛采用，然而对使用这一术语时买卖双方各自承担的具体义务，并没有统一的规定和解释。为此，国际法协会1928年在波兰首都华沙开会，制定了关于CIF买卖合同的统一规则，称之为《1928年华沙规则》，共包括22条。此后，在1930年的纽约会议、1931年的巴黎会议和1932年的牛津会议上，此规则被修订为21条，称为《1932年华沙—牛津规则》（*Warsaw-Oxford Rules* 1932，简称W. O. Rules 1932），并沿用至今。这一规则对于CIF的性质、买卖双方所承担的风险、责任和费用的划分以及货物所有权转移的方式等问题都作了比较详细的解释。该规则供买卖双方自愿采用。

二、《1990年美国对外贸易定义修订本》（*Revised American Foreign Trade Definitions* 1990）

早在1919年，美国九个大商业团体就共同制定了有关对外贸易定义的统一解释，即《美国出口报价及其缩写条例》（*The U. S. Export Quotations and Abbreviations*），供从事对外贸易人员参考使用。1940年，美国第27届全国对外贸易会议对原定义进行了修改。1941年7月31日，由美国商会、美国进口商会协会和美国全国对外贸易协会组成的联合委员会正式通过并采用了此项定义，定名为《1941年美国对外贸易定义修订本》（*Revised American Foreign Trade Definitions* 1941）。1990年，根据形势发展的需要，该定义被再次修订，并被命名为《1990 年美国对外贸易定义修订本》。

《1990 年美国对外贸易定义修订本》中所解释的贸易术语共有 6 种。

（1）EXW（Ex Works）：产地交货。

（2）FOB（Free on Board）：在运输工具上交货。

（3）FAS（Free Along Side）：在运输工具旁边交货。

（4）CFR（Cost and Freight）：成本加运费。

（5）CIF（Cost, Insurance and Freight）：成本加保险费、运费。

（6）DEQ（Delivered Ex Quay）：目的港码头交货。

《1990 年美国对外贸易定义修订本》主要在美洲一些国家采用。值得注意的是，该定义对 FOB 和 FAS 的解释和国际贸易中一般通用的含义差别较大。所以，其他国家在同美洲国家进行交易时应加以注意。近年来，美国许多贸易界人士呼吁放弃《美国对外贸易定义》，而采用国际上更为通行的《国际贸易术语解释通则》。

三、《2010 年国际贸易术语解释通则》（INCOTERMS 2010）

《国际贸易术语解释通则》（以下简称《通则》）原文为 *International Rules for the Interpretation of Trade Terms*，缩写形式为 INCOTERMS。它是国际商会为了统一对各种贸易术语的解释而制定的。最早的《通则》产生于 1936 年。此后，随着国际贸易的发展和形势的变化，国际商会分别于 1953 年、1967 年、1976 年、1980 年、1990 年和 2000 年对 INCOTERMS 进行了修订。2010 年 9 月 27 日，国际商会又进行了修订，公布了新版的《2010 年国际贸易术语解释通则》（以下简称《2010 年通则》），该通则于 2011 年 1 月 1 日起正式生效。

在有关贸易术语的国际贸易惯例中，《2010 年通则》包括的内容最多，使用范围最广。近年来，国际商会也了解到《通则》在世界范围内的影响越来越大，因此，在进行最近的修订时力图保持它的相对稳定性。国际商会还提醒贸易界人士，由于《通则》多次变更，如果当事人愿意采纳《2010 年通则》，应在合同中特别注明"本合同受《2010 年通则》管辖"。

第二节　《2010 年国际贸易术语解释通则》

全球化经济赋予商业以空前宽广的途径通往世界各地市场。货物得以在更多国家大量且繁多地销售。然而，随着全球贸易数额的增加与贸易复杂性的提升，因销售合同起草不当导致的误解和高代价争端可能性也提高了。

《国际贸易术语解释通则》这一用于国内与国际贸易事项的国际商会规则使得全球贸易行为更为便捷。自 1936 年国际商会创制国际贸易术语以来，这项在全球范围内普遍被接受的合同标准经常更新，以与国际贸易发展步调保持一致。《2010 年国际贸易术语解释通则》考虑到了全球范围内免税区的扩展、商业交往中电子通讯运用的增多、货物运输中安保问题关注度的提高，以及运输实践中的许多变化。《2010 年国际贸易术语解释通则》更新并加强了"交货规则"——规则的总数从 13 降到 11，并为每一规则提供了更为简洁和清晰的解释。

一、《2010 年国际贸易术语解释通则》的主要特点

1. 两个新的贸易术语——DAT 与 DAP

《2010 年通则》有了两个新的贸易术语——DAT（运输终点交货）和 DAP（目的地交货），这两个新术语取代了《2000 年国际贸易术语解释通则》（以下简称《2000 年通则》）中的 DAF、DES、DEQ 和 DDU，国际贸易术语的数量从 13 个减至 11 个，但这并不影响约定的运输方式的适用。

2. 《2010 年通则》的 11 个术语的分类

《2010 年通则》中的 11 个术语分为显然不同的两类：

第一类术语适用于任一或多种运输方式，包含 7 个《2010 年通则》中的术语——EWX、FCA、CPT、CIP、DAT、DAP 和 DDP，可以适用于特定的运输方式，亦可适用于一种或同时适用于多种运输方式，甚至可适用于非海事运输的情形。但是需要注意的是，以上这些规则仅适用于存在船舶作为运输工具之一的情形。

第二类术语的交货点和把货物送达买方的地点都是港口，所以只适用于"海上或内陆水上运输"。FAS、FOB、CFR 和 CIF 都属于这一类。最后的三个术语，删除了以越过船舷为交货标准而代之以将货物装运上船，贴切地反映了现代商业实际且避免了风险在臆想垂线上来回摇摆这一颇为陈旧的观念。

3. 国内贸易与国际贸易的规定

在传统意义上，《国际贸易术语解释通则》被用于存在跨境运输的国际销售合同中，此种交易需要将货物进行跨越国境的运输。然而，在世界许多地区，如欧盟这样的商贸集团已经使得不同国家间的过关手续变得不那么重要了。因此，《2010 年通则》正式认可该通则既可以适用于国际的也可以适用于国内的销售合同。所以，《2010 年通则》在一些地方明确规定，只有在适当的情形下，才存在遵守进/出口手续义务。

4. 引言

在《2010 年通则》的每条规则前面，都有一条引言。引言解释每条规则的基本内容，比如说该规则何时被用到、风险何时发生转移，还有费用如何在买方和卖方之间分担等。引言并不是实际的《2010 年通则》的规则的组成，但是它们能帮助使用者更准确、更有效地针对特定的贸易运用合适的规则。

5. 电子通信

《2000 年通则》已经说明了可以被电子数据交换信息替代的文件。然而，《2010 年通则》中的 A1/B1 条款赋予了电子方式的通信和纸质通信相同的效力，只要缔约双方同意或存在交易惯例。这一规定使《2010 年通则》使用期内的新的电子程序的发展更为顺畅了。

6. 终点站处理费用

在 CPT、CIP、CFR、CIF、DAT、DAP 和 DDP 等国际贸易术语规则中，卖家必须为货物到商定好目的地的运输作出安排。虽然运费是由卖家支付的，但因为运费一般

被卖方纳入总体销售价格中，所以实际上运费是由买方支付的。

运费有时候会包含港口或集装箱终端设施内处理与移动货物的费用，并且承运人和终点站运营方也可能向收到货物的买方收取这些费用。在这些情况下，买家会希望避免为同一服务缴费两次，一次付给卖家作为销售价格中一部分，一次单独地付给承运人或者终点站运营方。《2010年通则》在文件A6/B6的相关规则中明确了这类费用的分配，以求避免上述情形的发生。

二、《2010年国际贸易术语解释通则》的各种贸易术语

和《2000年通则》一样，《2010年通则》中买方与卖方的义务以镜像方式呈现：A条款下反映卖方义务；B条款下反映买方义务。这些义务可以由卖方或买方以个人名义履行；有时受制于合同或者适用法律中的个别条款的规定，也可由诸如承运人、转运代理人等中介组织，或者其他由卖方或者买方基于特定目的而委托的人来履行。

为了帮助理解，文件中通篇被运用的特定规则解释如下：

（1）承运人。就《2010年通则》而言，承运人是指与托运人签署运输合同的一方。

（2）报关单为了遵守任何可适用的海关规定而需要满足的一些要求，可能包括单据、安全、信息或实物的义务。

（3）交货。这个概念在贸易法和实务中有着多重含义，但在《2010年通则》中，它被用于表明货物遗失损害风险何时由卖方转移到买方。

（4）交货凭证。这个表述现在被用作A8条款的标题。它指用于证明已完成交货的凭证。对众多的《2010年通则》条款，交货凭证是指运输凭证或相应的电子记录。然而，在工厂交货（EXW）、货交承运人（FCA）、装运港船边交货（FAS）、装运港船上交货（FOB）的情况下，交货凭证可能只是一个简单的收据。交货凭证也可能有其他功能，比如作为支付机制的组成等。

（5）电子记录或程序。由一种或更多的电子信息组成的一系列信息，适用情况下，其在效力上与相应的纸质文件等同。

（6）包装。这个词被用于不同的原因：一是遵照销售合同中任何要求的货物包装；二是使货物适合运输的包装；三是集装箱或其他运输工具中已包装货物的配载。在《2010年通则》中，包装的含义包括上述第一种和第二种。然而，《2010年通则》并未涉及货物在货柜中的装载义务由谁承担，因而，在相关情形，各方应当在销售合同中做出规定。

（一）EXW——工厂交货（……指定地点）

本条规则与（当事人）所选择的运输模式无关，即便（当事人）选择多种运输模式，亦可适用该规则。本规则较适用于国内交易，对于国际交易，则应选FCA"货交承运人（……指定地点）"规则为佳。

"工厂交货（……指定地点）"是指当卖方在其所在地或其他指定的地点，如工场（强调生产制造场所）、工厂（制造场所）或仓库等将货物交给买方处置时，即完

成交货，卖方不需将货物装上任何运输工具。在需要办理出口清关手续时，卖方亦不必为货物办理出口清关手续。

双方都应该尽可能明确指定的货物交付地点，因为此时（交付前）的费用与风险由卖方承担。买方必须承当在双方约定的地点或在指定地受领货物的全部费用和风险。

EXW 是卖方承担责任最小的规则。它包含以下几点：

（1）卖方没有义务为买方装载货物，即使在实际中由卖方装载货物可能更方便。若由卖方装载货物，相关风险和费用亦由买方承担。如果卖方在装载货物中处于优势地位，则使用由卖方承担装载费用与风险的 FCA 规则通常更合适。

（2）买方在与卖方使用 EXW 规则时应知晓，卖方仅在买方要求（更符合术语特质）办理出口手续时负有协助的义务；但是卖方并无义务主动办理出口清关手续。因此如果买方不能直接或间接地办理出口清关手续，建议买方不要使用 EXW 规则。

（3）买方承担向卖方提供关于货物出口之信息的有限义务。例如卖方可能需要某些信息用于诸如纳税（申报税款）、报关等。

表 2-1　　　　　　　　　　　　　EXW 下买卖双方的义务

A THE SELLER' OBLIGATIONS 卖方义务	B THE BUYER' OBLIGATIONS 买方义务
A1 卖方的一般义务 卖方必须要提供符合买卖合同约定的货物及商业发票，以及任何契约可能要求的其他任何符合证据。 A1 至 A10 中所提及的任何单据，如当事人协商一致或已有惯例，均可为具有同等法律效力的电子记录或程序。	B1 买方的一般义务 买方必须要依据买卖合同约定支付货物价款。 B1 至 B10 中所提及的任何单据，如当事人协商一致或已有惯例，均可为具有同等法律效力的电子记录或程序。
A2 许可证、授权、安检通关及其他手续 在需要办理海关手续时，经买方要求并由买方承担风险和费用，卖方应协助买方取得出口许可或出口相关货物所需的其他官方授权。 在需要办理海关手续时，经买方要求并由买方承担风险和费用，卖方应提供其所掌握的该项货物安检通关所需的任何信息。	B2 许可证、授权、安检通关及其他手续 在需要办理海关手续时，应由买方自负风险和费用、取得进出口许可或其他官方授权，并办理相关货物出口的海关手续。
A3 运输合同与保险合同 a）运输合同。 卖方对买方无订立运输合同的义务。 b）保险合同。 卖方对买方无订立保险合同的义务。但是，应买方的要求，在买方承担风险和费用（如果有的话）的前提下，卖方必须向买方提供其取得保险所需的信息。	B3 运输合同和保险合同 a）运输合同。 买方对卖方无订立运输合同的义务。 b）保险合同。 买方对卖方无订立保险合同的义务。

表2-1(续)

A THE SELLER' OBLIGATIONS 卖方义务	B THE BUYER' OBLIGATIONS 买方义务
A4 交货 卖方必须在指定的交付地点或交付地的约定点（若有），以将未置于任何接收货物的运输工具上的货物交由买方处置的方式交货。若在指定交货地没有约定点，且有几个点可供使用时，卖方可选择最适合其目的的点。卖方必须在约定日期或期限内交货。	B4 受领货物（接收货物） 买方必须在卖方按照 A4 和 A7 规定交货时受领货物。
A5 风险转移 除发生 B5 中所描述之灭失或损坏的情形外，卖方必须承担货物灭失或损坏的一切风险，直到已经按照 A4 规定交货为止。	B5 风险转移 自卖方按 A4 规定交货之时起，买方必须承担货物灭失或损坏的一切风险。 如果买方未按照 B7 之规定通知卖方，则自约定的交货日期或交货期限届满之日起，买方必须承当货物灭失或损坏的一切风险，但以该项货物已清楚地确定为合同项下之货物为限。
A6 费用划分 除按照 B6 规定的应由买方支付的费用外，卖方必须承担与货物有关的所有费用，直到其按照 A4 规定交货为止。	B6 费用划分 买方必须支付： a）自按照 A4 规定交货之时起与货物有关的一切费用。 b）在货物已交给买方处置而买方未受领货物或未按照 B7 规定通知卖方而发生的任何额外费用，但以该项货物已正式划归合同项下为限。 c）在需要办理海关手续时，货物出口应交纳的一切关税、税款和其他费用，以及办理海关手续的费用。 d）卖方按照 A2 规定给予协助时所发生的一切成本与费用。
A7 通知买方 卖方必须给予买方收取货物所需的任何通知。	B7 通知卖方 一旦买方有权确定在约定的期限内受领货物的具体时间和/或地点时，应就此给予卖方充分的通知。
A8 交货凭证 卖方对买方无义务。	B8 交货证明 买方必须向卖方提供已受领货物的相关凭证。

表2-1(续)

A THE SELLER' OBLIGATIONS 卖方义务	B THE BUYER' OBLIGATIONS 买方义务
A9 检查、包装、标志 卖方必须支付为按照 A4 规定交货所需进行的查对费用（如核对货物品质、丈量、过磅、点数的费用），以及出口国有关当局强制进行的装运前检验的费用。 卖方必须自付费用包装货物，除非按照相关行业惯例，运输的货物无需包装销售。 卖方可以以适合运输的形式包装货物，除非买方在订立销售合同前已经告知卖方特定的包装要求。包装应作恰当标记。	B9 货物检验 买方必须要支付任何装运前强制性检验的费用，但该检验系出口国官方所强制实施者不在此列。
A10 信息帮助和相关费用 在适用的情况下，应买方要求并由其承担风险和费用，卖方必须及时地给予买方一切协助，以帮助其取得他们所需要的货物进口和/或运送到最终目的地的一切文件及信息，包含安全相关信息。	B10 信息帮助和相关费用 买方必须要以适时的方式，通知卖方任何与安全有关的信息，以便卖方得以履行 A10 的规定；买方必须偿付卖方按照 A10 规定向买方提供或协助其取得文件和信息所产生的一切费用。

（二）FCA——货交承运人（……指定地点）

该项规则可以适用于各种运输方式（单独使用的情况），也可以适用于多种运输方式同时使用的情况。

货交承运人是指卖方于其所在地或其他指定地点将货物交付给承运人或买方指定人。建议当事人最好尽可能清楚、明确地说明指定交货的具体点，风险将在此点转移至买方。

若当事人意图在卖方所在地交付货物，则应当确定该所在地的地址，即指定交货地点。若当事人意图在其他地点交付货物，则应当明确确定一个不同的具体交货地点。

FCA 要求卖方在需要时办理出口清关手续。但是，卖方没有办理进口清关手续的义务，也无需缴纳任何进口关税或者办理其他进口海关手续。

在需要办理海关手续时（必要时/适当时），DAP 规则要求应由卖方办理货物的出口清关手续，但卖方没有义务办理货物的进口清关手续，以及支付任何进口税或者办理任何进口海关手续。如果当事人希望卖方办理货物的进口清关手续，以及支付任何进口税和办理任何进口海关手续，则应适用 DDP 规则。

表 2-2   FCA 下的买卖双方的义务

A THE SELLER' OBLIGATIONS 卖方义务	B THE BUYER' OBLIGATIONS 买方义务
A1 卖方的一般义务 卖方必须提供符合买卖合同约定的货物及商业发票，以及任何契约可能要求的其他任何符合证据。 A1 至 A10 中所提及的任何单据，如当事人协商一致或已有惯例，均可为具有同等法律效力的电子记录或程序。	B1 买方的一般义务 买方必须要依据买卖合同约定支付货物价款。 B1 至 B10 中所提及的任何单据，如当事人协商一致或已有惯例，均可为具有同等法律效力的电子记录或程序。
A2 许可证、授权、安检通关及其他手续 在需要办理海关手续时，应由卖方自负风险和费用、取得所有的出口许可或其他官方授权，并办理货物出口所需的一切海关手续。	B2 许可证、授权、安检通关及其他手续 在需要办理海关手续时，应由买方自负风险和费用、取得所有进口许可或其他官方授权，并办理货物进口和从他国过境运输所需的一切海关手续。
A3 运输合同与保险合同 a）运输合同。 卖方对买方无订立运输合同的义务。但如果是根据买方要求或交易习惯且买方没有及时提出相反指示，由买方承担风险和费用的情况下，卖方可以按通常条件为买方订立运输合同。 在上述任一种情况下，卖方有权拒绝为买方订立运输合同，如果卖方拒绝，应及时通知买方。 b）保险合同。 卖方对买方无订立保险合同的义务。但是，应买方的要求，在买方承担风险和费用（如果有的话）的前提下，卖方必须向买方提供其取得保险所需的信息。	B3 运输合同和保险合同 a）运输合同。 除了卖方按照 A3 a）的规定签订运输合同的情形外，买方必须自付费用签订从指定交货地点起运货物的运输合同。 b）保险合同。 买方对卖方无订立保险合同的义务。
A4 交货 卖方必须于约定日期或期限内，在指定地点或指定地点的约定点（若有），将货物交付给买方指定的承运人或者其他人。 交货在以下情况完成： a）若指定的地点是卖方所在地，则当货物已装载于买方所提供的运输工具时。 b）在任何其他情况下，当装载于卖方的运输工具上的货物已达到卸货条件，且处于承运人或买方指定的其他人的处置之下时。 若买方未按照 B7 d）项之规定，将在指定的地区内的具体交货地点通知卖方，且有几个具体交货点可供选择时，卖方可以在指定地点中选择最符合其目的的交货地点。 除非买方另有通知，否则，卖方可以根据货物的数量和/或性质的要求，将货物以适宜的方式交付运输。	B4 受领货物（接收货物） 买方应当在卖方按照 A4 规定交货时受领货物。

表2-2(续)

A THE SELLER' OBLIGATIONS 卖方义务	B THE BUYER' OBLIGATIONS 买方义务
A5 风险转移 除发生 B5 中所描述之灭失或损坏的情形外，卖方必须承担货物灭失或损坏的一切风险，直到已经按照 A4 规定交货为止。	B5 风险转移 自卖方按照 A4 规定交货之时起，买方承担货物灭失或损坏的一切风险。 若 a) 买方没有按照 B7 规定通知 A4 项下的指定承运人或其他人，或发出通知。 b) 按照 A4 规定指定的承运人或其他人未在约定的时间接管货物，则买方按照下述规定承担货物灭失或损坏的一切风险： i) 自约定日期时起。若没有约定日期，则自卖方在约定的时期内按照 A7 规定通知买方的日期起； ii) 若没有告知日期，则自任何约定的交货期限届满之日起，但以该货物已被清楚地确定为合同项下货物为限。
A6 费用划分 卖方应当支付： a) 除按照 B6 规定的应由买方支付的费用外，卖方必须承担与货物有关的所有费用，直到其按照 A4 规定交货为止。 b) 如适用时，货物出口应办理的海关手续费用及出口应交纳的一切关税、税款和其他费用。	B6 费用划分 买方应当支付： a) 自按照 A4 规定的交货之时起与货物有关的一切费用，除了 A6 b) 中规定的货物出口办理海关手续的费用及其他货物出口应缴纳的关税、税款和其他费用。 b) 因发生下述任一情况产生的任何额外费用： i) 由于买方未能按照 A4 规定指定承运人或其他人； ii) 由于买方指定的 A4 项下承运人或其他人未接管货物； iii) 由于买方未能按照 B7 规定给予卖方相应通知，但以该货物已被清楚地确定为合同项下货物为限。 c) 如适用时，货物进口应交纳的一切关税、税款和其他费用以及办理海关手续的费用及从他国过境运输的费用。
A7 通知买方 在买方自担风险和费用的情况下，卖方应当将货物已经按照 A4 的规定交付，买方指定的或承运人或其他人未能在约定的时间内收取货物的信息给予买方充分的通知。	B7 通知卖方 买方应当： a) 及时告知卖方其依 A4 规定指定的承运人或者其他人的名称，使卖方能够按照 A4 条款的规定发送货物。 b) 在必要时，告知卖方被指定的承运人或其他人在约定的期限内收取货物的具体时间。 c) 告知卖方由买方指定人采取的运输方式。 d) 在约定地点内的具体取货位置。

表2-2（续）

A THE SELLER' OBLIGATIONS 卖方义务	B THE BUYER' OBLIGATIONS 买方义务
A8 交货凭证 卖方应当自担费用向买方提供已按照 A4 规定完成交货的通常凭证。卖方应当根据买方的要求，给予买方一切协助以取得运输单据，风险和费用由买方承担。	B8 提货证据 买方应当接受卖方依 A8 规定提供的交货凭证。
A9 检查、包装、标志 卖方必须支付为按照 A4 规定交货所需进行的查对费用（如核对货物品质、丈量、过磅、点数的费用），以及出口国有关当局强制进行的装运前检验的费用。 卖方必须自付费用包装货物，除非按照相关行业惯例，运输的货物无需包装销售。 卖方可以以适合运输的形式包装货物，除非买方在订立销售合同前已经告知卖方特定的包装要求。包装应作恰当标记。	B9 货物检验 买方必须要支付任何装运前强制性检验的费用，但该检验系出口国官方所强制实施者不在此列。
A10 信息帮助和相关费用 在适用的情况下，应买方要求并由其承担风险和费用，卖方必须及时地给予买方一切协助，以帮助其取得他们所需要的货物进口和/或运送到最终目的地的一切文件及信息，包含安全相关信息。 卖方必须向买方支付所有买方因提供或协助卖方得到 B10 中规定的文件或信息而产生的费用。	B10 信息帮助和相关费用 a）买方必须要以适时的方式，通知卖方任何与安全有关的信息，以便卖方得以履行 A10 的规定。 b）买方必须偿付卖方按照 A10 规定向买方方提供或协助其取得文件和信息所产生的一切费用。 c）在适用的情况下，买方必须要依照卖方的请求，并由卖方负担一切费用和风险，以适时的方式，为卖方提供或协助卖方取得为货物运输和出口，以及为货物从他国过境运输所需要的任何文件和信息，包含安全相关信息。

（三）CPT——运费付至（……指定目的港）

该规则无一例外地用于所选择的任何一种运输方式以及运用多种运输方式的情况。

CPT 指卖方在指定交货地向承运人或由其（卖方）指定的其他人交货，并且其（卖方）须与承运人订立运输合同，载明并实际承担将货物运送至指定目的地所产生的必要费用。

在 CPT、CIP、CFR 或 CIF 适用的情形下，卖方的交货义务在将货物交付承运人，而非货物到达指定目的地时，即告完全履行。

此规则有两个关键点。因为风险和成本在不同的地方发生转移，买卖双方当事人应在买卖合同中尽可能准确地确定以下两个点：一是发生转移至买方的交货地点；二是在其须订立的运输合同中载明的指定目的地。如果使用多个承运人将货物运至指定目的地，且买卖双方并未对具体交货地点有所约定，则合同默认风险自货物由买方交给第一承运人时转移，卖方对这一交货地点的选取具有排除买方控制的绝对选择权。

如果当事方希望风险转移推迟至稍后的地点发生（如某海港或机场），那么他们需要在买卖合同中明确约定这一点。

由于将货物运至指定目的地的费用由卖方承担，因而当事人应尽可能准确地确定目的地中的具体地点，且卖方须在运输合同中载明这一具体的交货地点。卖方基于其运输合同中在指定目的地卸货时，如果产生了相关费用，卖方无权向买方索要，除非双方有其他约定。

CPT 规则要求卖方在需要办理这些手续时，办理货物出口清关手续。但是，卖方没有义务办理货物进口清关手续、支付进口关税，以及办理进口所需的任何海关手续。

表 2-3　　　　　　　　　　　　　　　　　　CPT 下的买卖双方的义务

A THE SELLER' OBLIGATIONS 卖方义务	B THE BUYER' OBLIGATIONS 买方义务
A1 卖方的一般义务 卖方必须要提供符合买卖合同约定的货物及商业发票，以及任何契约可能要求的其他任何符合证据。 A1 至 A10 中所提及的任何单据，如当事人协商一致或已有惯例，均可为具有同等法律效力的电子记录或程序。	B1 买方的一般义务 买方必须要依据买卖合同约定支付货物价款。 B1 至 B10 中所提及的任何单据，如当事人协商一致或已有惯例，均可为具有同等法律效力的电子记录或程序。
A2 许可证、授权、安检通关及其他手续 在需要办理海关手续时，应由卖方自负风险和费用、取得所有的出口许可或其他官方授权，并办理货物出口和交货前从他国过境运输所需的一切海关手续。	B2 许可证、授权、安检通关及其他手续 在需要办理海关手续时，应由买方自负风险和费用、取得所有进口许可或其他官方授权，并办理货物进口和从他国过境运输所需的一切海关手续。
A3 运输合同与保险合同 a）运输合同。 卖方必须签订或取得运输合同，将货物自交货地内的约定交货点（如果有的话）运送至指定目的地或该目的地的交付点（如果有约定）。运输合同需按照通常条件订立，由卖方支付费用，并规定由通常用来运输该类货物的船舶、经由惯常航线运输。 若未约定或按照惯例也不能确定具体的地点，则卖方可选择最适合其目的的交货点，或在指定目的地内最适合其目的的交货点。 b）保险合同。 卖方对买方无订立保险合同的义务。但是，应买方的要求，在买方承担风险和费用（如果有的话）的前提下，卖方必须向买方提供其取得保险所需的信息。	B3 运输合同和保险合同 a）运输合同。 买方对卖方无订立运输合同的义务。 b）保险合同。 买方对卖方无订立保险合同的义务。但应卖方要求，买方必须向卖方提供其取得保险所需的信息。

表2-3（续）

A THE SELLER' OBLIGATIONS 卖方义务	B THE BUYER' OBLIGATIONS 买方义务
A4 交货 卖方必须在约定的日期或期限内将货物交付给按照 A3 的规定签订的合同的承运人。	B4 受领货物 买方必须在货物已经按照 A4 的规定交货时受领货物，并在指定的目的地从承运人处受领货物。
A5 风险转移 除发生 B5 中所描述之灭失或损坏的情形外，卖方必须承担货物灭失或损坏的一切风险，直到已经按照 A4 规定交货为止。	B5 风险转移 买方承担按照 A4 规定交货时起货物灭失或损坏的一切风险。 如买方未能按照 B7 规定向卖方发出通知，则买方必须从约定的交货日期或交货期限届满之日起，承担货物灭失或损坏的一切风险，但以货物已被清楚确定为合同项下之货物为条件。
A6 费用划分 卖方必须支付： a）除 B6 规定外，卖方必须支付按照 A4 规定交货之前与货物有关的一切费用。 b）按照 A3 a）规定所发生的运费和一切其他费用，包括根据运输合同规定应由卖方支付的装货费和在目的地的卸货费。 c）如适用时，货物出口所需海关手续费用，出口时应缴纳的一切关税、税款和其他费用，以及根据运输合同规定，由卖方支付的货物从他国过境运输的费用。	B6 费用划分 除 A3 a）规定外，买方必须支付： a）根据 A4 规定的从交货时起与货物有关的一切费用，如适用时，按照 A6 c）为出口所需的海关手续费用，以及出口应交纳的一切关税、税款和其他费用除外。 b）货物在运输途中直至到达目的地为止的一切费用，除非这些费用根据运输合同应由卖方支付。 c）卸货费，除非根据运输合同应由卖方支付。 d）如买方未按照 B7 规定给予卖方通知，则自约定的发货日期或发货期限届满之日起，货物所发生的一切额外费用，但以该项货物已正式划归合同项下为限。 e）在需要办理海关手续时货物进口应交纳的一切关税、税款和其他费用，办理海关手续的费用，以及从他国过境运输的费用。除非这些费用已包括在运输合同中。
A7 通知买方 卖方必须向买方发出已按照 A4 规定交货的通知。 卖方必须给予买方任何必要的通知，以便买方能够为领取货物采取通常必要的措施。	B7 通知卖方 一旦买方有权决定发送货物的时间和/或者指定的目的地或者指定目的地内接收货物的地点，买方必须就此给予卖方充分通知。
A8 交货凭证 依照惯例或者依照买方的要求，卖方必须向买方提供依据 A3 所订立的运输合同所签发的通常运输单据，费用由卖方承担。 运输单据必须载明合同中的货物，其签发日期必须在约定的装运期限内。如已约定或依照惯例，该单据必须能够使买方在约定地点向承运人索取货物，并能使买方在货物运输途中以向下家转让单据或通知承运人的方式出售货物。 当此类运输单据是以可转让的方式签发的，并且有多份正本时，必须将整套正本单据提交给买方。	B8 提货证据 如果符合合同规定，买方必须接受按照 A8 规定提供的运输单据。

表2-3（续）

A THE SELLER' OBLIGATIONS 卖方义务	B THE BUYER' OBLIGATIONS 买方义务
A9 检查、包装、标志 卖方必须支付为按照 A4 规定交货所需进行的查对费用（如核对货物品质、丈量、过磅、点数的费用），以及出口国有关当局强制进行的装运前检验的费用。 卖方必须自付费用包装货物，除非按照相关行业惯例，运输的货物无需包装销售。 卖方可以以适合运输的形式包装货物，除非买方在订立销售合同前已经告知卖方特定的包装要求。包装应作恰当标记。	B9 货物检验 买方必须要支付任何装运前强制性检验的费用，但该检验系出口国官方所强制实施者不在此列。
A10 信息帮助和相关费用 在适用的情况下，应买方要求并由其承担风险和费用，卖方必须及时地给予买方一切协助，以帮助其取得他们所需要的货物进口和/或运送到最终目的地的一切文件及信息，包含安全相关信息。 卖方必须向买方支付所有买方因提供或协助卖方得到 B10 中规定的文件或信息而产生的费用。	B10 信息帮助和相关费用 a）买方必须要以适时的方式，通知卖方任何与安全有关的信息，以便卖方得以履行 A10 的规定。 b）买方必须偿付卖方按照 A10 规定向买方方提供或协助其取得文件和信息所产生的一切费用。 c）在适用的情况下，买方必须要依照卖方的请求，并由卖方负担一切费用和风险，以适时的方式为卖方提供或协助卖方取得为货物运输和出口，以及为货物从他国过境运输所需要的任何文件和信息，包含安全相关信息。

（四）CIP——运费和保险费付至（……指定目的地）

该规则适用于各种运输方式，也可以用于使用两种以上的运输方式时。

CIP 是指卖方在约定的地方（如果该地在双方间达成一致）向承运人或是卖方指定的另一个人发货，以及卖方必须签订合同和支付将货物运至目的地的运费。

卖方还必须订立保险合同以防买方货物在运输途中灭失或损坏。买方应注意 CIP 只要求卖方投保最低限度的保险险别。如买方需要更多的保险保障，则需要与卖方明确地达成协议，或者自行作出额外的保险安排。

在 CPT、CIP、CFR 和 CIF 在这些规则下，当卖方将货物交付与承运人，而不是货物到达目的地时，卖方已经完成其交货义务。

由于风险和费用因地点之不同而转移，本规则有两个关键点：一是发生转移至买方的交货地点；二是其须订立的运输合同中载明的指定目的地。买卖双方最好在合同中尽可能精确地确认交货地点、风险转移至买方地，以及卖方必须订立运输合同所到达的指定目的地。若将货物运输至约定目的地中用到了若干承运人，而买卖双方未就具体交货点达成一致，则默认为风险自货物于某一交货点被交付至第一承运人时转移，该交货点完全由卖方选择而买方无权控制。如果买卖双方希望风险在之后的某一阶段转移（如在一个海港或一个机场），则他们需要在其买卖合同中明确之。

将货物运输至具体交货地点的费用由卖方承担，因此双方最好尽可能明确在约定的目的地的具体交货地点。卖方最好制定与此次交易精确匹配的运输合同。如果卖方按照运输合同在指定的目的地卸货而支付费用，除非双方另有约定，卖方无权向买方追讨费用。

CIP 规则要求卖方在必要时办理货物出口清关手续。但是，卖方不负责办理货物进口清关手续，不承担任何进口关税，也不用履行任何进口报关手续的义务。

表 2-4　　　　　　　　　　　　CIP 下的买卖双方的义务

A THE SELLER' OBLIGATIONS 卖方义务	B THE BUYER' OBLIGATIONS 买方义务
A1 卖方的一般义务 卖方必须要提供符合买卖合同约定的货物及商业发票，以及任何契约可能要求的其他任何符合证据。 A1 至 A10 中所提及的任何单据，如当事人协商一致或已有惯例，均可为具有同等法律效力的电子记录或程序。	B1 买方的一般义务 买方必须要依据买卖合同约定支付货物价款。 B1 至 B10 中所提及的任何单据，如当事人协商一致或已有惯例，均可为具有同等法律效力的电子记录或程序。
A2 许可证、授权、安检通关及其他手续 在需要办理海关手续时，应由卖方自负风险和费用、取得所有的出口许可或其他官方授权，并办理货物出口和交货前从他国过境运输所需的一切海关手续。	B2 许可证、授权、安检通关及其他手续 在需要办理海关手续时，应由买方自负风险和费用、取得所有进口许可或其他官方授权，并办理货物进口和从他国过境运输所需的一切海关手续。
A3 运输合同与保险合同 a）运输合同。 卖方必须签订或取得运输合同，将货物自交货地内的约定交货点（如果有的话）运送至指定目的地或该目的地的交付点（如果有约定）。运输合同需按照通常条件订立，由卖方支付费用，并规定由通常用来运输该类货物的船舶、经由惯常航线运输。 若未约定或按照惯例也不能确定具体的地点，则卖方可选择最适合其目的的交货点，或在指定目的地内最适合其目的的交货点。 b）保险合同。 卖方须自付费用，按照至少符合《协会货物保险条款》（LMA/IUA）C 款或其他类似条款中规定的最低保险险别投保。该保险合同应与信誉良好的承保人或保险公司订立，并保证买方或其他对货物具有可保利益的人有权直接向保险人索赔。 应买方要求，买方能够提供卖方需要的一切信息，并且由买方负担费用时，如果能够办理的话，卖方应办理任何附加险别，例如《协会货物保险条款》（LMA/IUA）中的条款（A）或条	B3 运输合同和保险合同 a）运输合同。 买方对卖方无订立运输合同的义务。 b）保险合同。 买方对卖方无订立保险合同的义务。但是，应卖方要求，买方必须按照 A3 b）的规定向卖方提供必要的信息，以便卖方应买方之要求购买任何附加保险。

表2-4(续)

A THE SELLER' OBLIGATIONS 卖方义务	B THE BUYER' OBLIGATIONS 买方义务
款（B）或任何类似的条款中提供的险别，也可同时或单独办理《协会战争险条款》和（或）《协会罢工险条款》（LMA/IUA）或其他类似条款的险别。 最低保险金额应是合同中所规定的价款另加百分之十（即110%），并采用合同货币。 保险期间应当从货物自 A4 和 A5 条款规定的交货点起，至少到指定的目的港止。 卖方必须向买方提供保险单或其他保险承保的证据。 此外，应买方的要求，并由买方承担风险及费用（如有的话）的情况下，卖方必须向买方提供其取得附加险所需的信息。	
A4 交货 卖方必须在约定的日期或期限内将货物交付给按照 A3 的规定签订的合同的承运人。	B4 受领货物 买方必须在货物已经按照 A4 的规定交货时受领货物，并在指定的目的地从承运人受领货物。
A5 风险转移 除发生 B5 中所描述之灭失或损坏的情形外，卖方必须承担货物灭失或损坏的一切风险，直到已经按照 A4 规定交货为止。	B5 风险转移 买方承担按照 A4 规定交货时起货物灭失或损坏的一切风险。 如买方未能按照 B7 规定向卖方发出通知，则买方必须从约定的交货日期或交货期限届满之日起，承担货物灭失或损坏的一切风险，但以货物已被清楚确定为合同项下之货物为条件。
A6 费用划分 卖方必须支付： a）直至按照 A4 的规定交货为止前与货物有关的一切费用，除 B6 中规定的买家所需支付的费用。 b）按照 A3 a）规定所发生的运费和其他一切费用，包括装船费和根据运输合同应由卖方支付的在目的地的卸货费。 c）按照 A3 b）规定所发生的保险费用。 d）在需要办理海关手续时，货物出口需要办理的海关手续费用，以及货物出口时应交纳的一切关税、税款和其他费用，以及根据运输合同由卖方支付的货物从他国过境运输的费用。	B6 费用划分 根据 A3 a）的规定，买方应当支付： a）根据 A4 规定的从交货时起与货物有关的一切费用，如适用时，按照 A6 d）为出口所需的海关手续费用，以及出口应交纳的一切关税、税款和其他费用除外。 b）货物在运输途中直至到达约定目的地为止的一切费用，除非这些费用根据运输合同约定应由卖方支付。 c）及卸载费，除非这些费用根据运输合同约定应由卖方支付。 d）如买方未按照 B7 规定给予卖方通知，则自约定的交货日期或交货期限届满之日起，货物所发生的任何额外费用，但以该项货物已经清楚地确定为合同项下的货物为限。 e）在需要办理海关手续时，货物进口应交纳的一切关税、税款和其他费用，及办理海关手续的费用，以及从他国过境运输的费用，除非这些费用已包括在运输合同中。 f）在 A3 和 B3 之下，应买方要求购买附加险别的费用。

表2-4（续）

A THE SELLER' OBLIGATIONS 卖方义务	B THE BUYER' OBLIGATIONS 买方义务
A7 通知买方 卖方必须向买方发出已按照 A4 规定交货的通知。 卖方必须给予买方任何必要的通知，以便买方能够为领取货物采取通常必要的措施。	B7 通知卖方 一旦买方有权决定发送货物的时间和/或指定的目的地或者指定目的地内接收货物的地点，买方必须就此给予卖方充分通知。
A8 交货凭证 依照惯例或者依照买方的要求，卖方必须向买方提供依据 A3 所订立的运输合同所签发的通常运输单据，费用由卖方承担。 运输单据必须载明合同中的货物，其签发日期必须在约定的装运期限内。如已约定或依照惯例，该单据必须能够使买方在约定地点向承运人索取货物，并能使买方在货物运输途中以向下家转让单据或通知承运人的方式出售货物。 当此类运输单据是以可转让的方式签发的，并且有多份正本时，必须将整套正本单据提交给买方。	B8 提货证据 如果符合合同规定，买方必须接受按照 A8 规定提供的运输单据。
A9 检查、包装、标志 卖方必须支付为按照 A4 规定交货所需进行的查对费用（如核对货物品质、丈量、过磅、点数的费用），以及出口国有关当局强制进行的装运前检验的费用。 卖方必须自付费用包装货物，除非按照相关行业惯例，运输的货物无需包装销售。 卖方可以以适合运输的形式包装货物，除非买方在订立销售合同前已经告知卖方特定的包装要求。包装应作恰当标记。	B9 货物检验 买方必须支付任何装运前强制性检验的费用，但该检验系出口国官方所强制实施者不在此列。
A10 信息帮助和相关费用 在适用的情况下，应买方要求并由其承担风险和费用，卖方必须及时地给予买方一切协助，以帮助其取得他们所需要的货物进口和/或运送到最终目的地的一切文件及信息，包含安全相关信息。 卖方必须向买方支付所有买方因提供或协助卖方得到 B10 中规定的文件或信息而产生的费用。	B10 信息帮助和相关费用 a）买方必须要以适时的方式，通知卖方任何与安全有关的信息，以便卖方履行 A10 的规定。 b）买方必须偿付卖方按照 A10 规定向买方提供或协助其取得文件和信息所产生的一切费用。 c）在适用的情况下，买方必须依照卖方的请求，并由卖方负担一切费用和风险，以适时的方式为卖方提供或协助卖方取得为货物运输和出口，以及为货物从他国过境运输所需要的任何文件和信息，包含安全相关信息。

（五）DAT——终点站交货（……指定目的港或目的地）

此规则可用于选择的各种运输方式，也适用于选择的一个以上的运输方式。

DAT 是指卖方在指定的目的港或目的地的指定的终点站卸货后将货物交给买方处

置即完成交货。终点站包括任何地方，无论约定或者不约定，如码头、仓库、集装箱堆场或公路、铁路、空运货站。卖方应承担将货物运至指定的目的地和卸货所产生的一切风险和费用。

建议当事人尽量明确地指定终点站，如果可能，（指定）在约定的目的港或目的地的终点站内的一个特定地点，因为（货物）到达这一地点的风险是由卖方承担的，建议卖方签订一份与这样一种选择准确契合的运输合同。

此外，若当事人希望卖方承担从终点站到另一地点的运输及管理货物所产生的风险和费用，那么此时 DAP（目的地交货）或 DDP（完税后交货）规则应该被适用。

在必要的情况下，DAT 规则要求卖方办理货物出口清关手续。但是，卖方没有义务办理货物进口清关手续、支付任何进口税，以及办理任何进口报关手续。

表 2-5　　　　　　　　　　　　DAT 下的买卖双方的义务

A THE SELLER' OBLIGATIONS 卖方义务	B THE BUYER' OBLIGATIONS 买方义务
A1 卖方的一般义务 卖方必须要提供符合买卖合同约定的货物及商业发票，以及任何契约可能要求的其他任何符合证据。 A1 至 A10 中所提及的任何单据，如当事人协商一致或已有惯例，均可为具有同等法律效力的电子记录或程序。	B1 买方的一般义务 买方必须要依据买卖合同约定支付货物价款。 B1 至 B10 中所提及的任何单据，如当事人协商一致或已有惯例，均可为具有同等法律效力的电子记录或程序。
A2 许可证、授权、安检通关及其他手续 在需要办理海关手续时，应由卖方自负风险和费用、取得所有的出口许可或其他官方授权，并办理货物出口和交货前从他国过境运输所需的一切海关手续。	B2 许可证、授权、安检通关及其他手续 在需要办理海关手续时，应由买方自负风险和费用、取得所有进口许可或其他官方授权，并办理货物进口的一切海关手续。
A3 运输合同与保险合同 a）运输合同。 卖方必须自付费用订立运输合同，将货物运至约定港口或目的地的指定运输终端。 如未约定或按照惯例也无法确定具体运输终端，则卖方可在约定港口或目的地选择最适合其目的的运输终端。 b）保险合同。 卖方对买方无订立保险合同的义务。但是，应买方的要求，在买方承担风险和费用（如果有的话）的前提下，卖方必须向买方提供其取得保险所需的信息。	B3 运输合同和保险合同 a）运输合同。 买方对卖方无订立运输合同的义务。 b）保险合同。 买方对卖方无订立保险合同的义务。但应卖方要求，买方必须向卖方提供其取得保险所需的信息。

表2-5(续)

A THE SELLER' OBLIGATIONS 卖方义务	B THE BUYER' OBLIGATIONS 买方义务
A4 交货 卖方必须在约定的日期或期限内,在 A3 条 a)款指定的目的港或目的地的运输终端,将货物从抵达的运输工具上卸下,并交给买方处置,完成交货。	B4 受领货物 货物已按 A4 的规定交付时,买受人必须受领货物。
A5 风险转移 除发生 B5 中所描述之灭失或损坏的情形外,卖方必须承担货物灭失或损坏的一切风险,直到已经按照 A4 规定交货为止。	B5 风险转移 买方承担按照 A4 规定交货时起货物灭失或损坏的一切风险。 a)如果买方未按 B2 条的规定履行义务,买方承担由此产生的货物灭失或损坏的一切风险。 b)如果买方未按 B7 条的规定给予通知,自约定的交付货物的日期或期间届满之日起,买方承担货物灭失或损坏的一切风险。 但以该项货物已经被清楚地确定为合同项下的货物为限。
A6 费用划分 卖方必须支付: a)除了按 B6 条规定的由买方支付的费用外,包括因 A3 条 a)款产生的费用,以及直至货物已按 A4 条的规定交付为止而产生的一切与货物有关的费用。 b)如适用时,在按照 A4 条规定的交货之前,货物出口所需海关手续费用及货物出口时应交纳的一切关税、税款和其他费用,以及货物经由他国过境运输的费用。	B6 费用划分 买方必须支付 a)自货物已按 A4 条的规定交付时起,与货物有关的一切费用。 b)任何因买方未按 B2 条规定履行义务或未按 B7 条给予通知而使卖方额外支付的费用,但以该项货物已经被清楚地确定为合同货物为限。 c)如适用时,货物办理进口手续的海关手续费用及货物进口时应交纳的一切关税、税款和其他费用。
A7 通知买方 卖方必须给予买方任何必要的通知,以便买方能够为领取货物采取通常必要的措施。	B7 通知卖方 一旦买方有权决定发送货物的时间和/或指定的目的地,或者指定目的地内接收货物的地点,买方必须就此给予卖方充分通知。
A8 交货凭证 卖方必须自付费用向买方提供提货单据,使买方能够如同 A4 或 B4 条的规定提取货物。	B8 提货证据 买方必须接受卖方按照 A8 规定提供的交货单据。

表2-5(续)

A THE SELLER' OBLIGATIONS 卖方义务	B THE BUYER' OBLIGATIONS 买方义务
A9 检查、包装、标志 卖方必须支付为按照 A4 规定交货所需进行的查对费用(如核对货物品质、丈量、过磅、点数的费用),以及出口国有关当局强制进行的装运前检验的费用。 卖方必须自付费用包装货物,除非按照相关行业惯例,运输的货物无需包装销售。 卖方可以以适合运输的形式包装货物,除非买方在订立销售合同前已经告知卖方特定的包装要求。包装应作恰当标记。	B9 货物检验 买方必须要支付任何装运前强制性检验的费用,但该检验系出口国官方所强制实施者不在此列。
A10 信息帮助和相关费用 在适用的情况下,应买方要求并由其承担风险和费用,卖方必须及时地给予买方一切协助,以帮助其取得他们所需要的货物进口和/或运送到最终目的地的一切文件及信息,包含安全相关信息。 卖方必须向买方支付所有买方因提供或协助卖方得到 B10 中规定的文件或信息而产生的费用。	B10 信息帮助和相关费用 a) 买方必须要以适时的方式,通知卖方任何与安全有关的信息,以便卖方履行 A10 的规定。 b) 买方必须偿付卖方按照 A10 规定向买方方提供或协助其取得文件和信息所产生的一切费用。 c) 在适用的情况下,买方必须要依照卖方的请求,并由卖方负担一切费用和风险,以适时的方式为卖方提供或协助卖方取得为货物运输和出口,以及为货物从他国过境运输所需要的任何文件和信息,包含安全相关信息。

(六) DAP——目的地交货 (⋯⋯指定目的地)

DAP 是《2010 年通则》新添加的规则,取代了之前的 DAF(边境交货)、DES(目的港船上交货)和 DDU(未完税交货)三个规则。

该规则的适用不考虑所选用的运输方式的种类,在选用的运输方式不止一种的情形下也能适用。

DAP 是指卖方在指定的交货地点,将仍处于交货的运输工具上尚未卸下的货物交给买方处置即完成交货。卖方须承担货物运至指定目的地中的一切风险。

尽管卖方承担货物到达目的地前的风险,该规则仍建议双方尽量明确地指定同意交货目的地,并建议卖方签订契合该种选择的运输合同。如果卖方按照运输合同承受了货物在目的地的卸货费用,那么除非双方达成一致,卖方无权向买方追讨该笔费用。

在需要办理海关手续时(在必要时/适当时),DAP 规则要求应由卖方办理货物的出口清关手续,但卖方没有义务办理货物的进口清关手续,支付任何进口税或者办理任何进口海关手续。如果当事人希望卖方办理货物的进口清关手续,支付任何进口税和办理任何进口海关手续,则应适用 DDP 规则。

表 2-6   DAP 下的买卖双方的义务

A THE SELLER' OBLIGATIONS 卖方义务	B THE BUYER' OBLIGATIONS 买方义务
A1 卖方的一般义务 卖方必须要提供符合买卖合同约定的货物及商业发票，以及任何契约可能要求的其他任何符合证据。 A1 至 A10 中所提及的任何单据，如当事人协商一致或已有惯例，均可为具有同等法律效力的电子记录或程序。	B1 买方的一般义务 买方必须要依据买卖合同约定支付货物价款。 B1 至 B10 中所提及的任何单据，如当事人协商一致或已有惯例，均可为具有同等法律效力的电子记录或程序。
A2 许可证、授权、安检通关及其他手续 在需要办理海关手续时，应由卖方自负风险和费用、取得所有的出口许可或其他官方授权，并办理货物出口和交货前从他国过境运输所需的一切海关手续。	B2 许可证、授权、安检通关及其他手续 在需要办理海关手续时，应由买方自负风险和费用、取得所有进口许可或其他官方授权，并办理货物进口的一切海关手续。
A3 运输合同与保险合同 a）运输合同。 卖方必须自付费用订立运输合同，将货物运至指定目的地或者指定目的地内的约定地点（如有约定）。如未约定或按照惯例也无法确定具体交货点，则卖方可在指定目的地内选择最适合其目的的交货点。 b）保险合同。 卖方对买方无订立保险合同的义务。但是，应买方的要求，在买方承担风险和费用（如果有的话）的前提下，卖方必须向买方提供其取得保险所需的信息。	B3 运输合同和保险合同 a）运输合同。 买方对卖方无订立运输合同的义务。 b）保险合同。 买方对卖方无订立保险合同的义务。但应卖方要求，买方必须向卖方提供其取得保险所需的信息。
A4 交货 卖方必须在约定日期或期限内，在约定的地点（若有）或指定目的地，将仍处于抵达的运输工具上已做好卸货准备的货物交给买方处置。	B4 受领货物（接收货物） 买方必须在卖方按照 A4 规定交货时受领货物。
A5 风险转移 除发生 B5 中所描述之灭失或损坏的情形外，卖方必须承担货物灭失或损坏的一切风险，直到已经按照 A4 规定交货为止。	B5 风险转移 买方承担按照 A4 规定交货时起货物灭失或损坏的一切风险。 a）如果买方未按 B2 条的规定履行义务，买方承担由此产生的货物灭失或损坏的一切风险。 b）如果买方未按 B7 条的规定给予通知，自约定的交付货物的日期或期间届满之日起，买方承担货物灭失或损坏的一切风险。 但以该项货物已经被清楚地确定为合同项下之货物为限。

表2-6(续)

A THE SELLER' OBLIGATIONS 卖方义务	B THE BUYER' OBLIGATIONS 买方义务
A6 费用划分 卖方必须支付： a）除了按 B6 条规定的由买方支付的费用外，包括因 A3 条 a）款产生的费用，以及直至货物已按 A4 条的规定交付为止而产生的一切与货物有关的费用。 b）根据运输合同约定，在目的地发生应由卖方支付的任何卸货费用。 c）如适用时，在按照 A4 交货前发生的，货物出口所需海关手续费用以及出口应交纳的一切关税、税款和其他费用，以及货物从他国过境运输的费用。	B6 费用划分 买方必须支付： a）自按照 A4 的规定交货时起与货物有关的一切费用。 b）在指定目的地将货物从交货运输工具上卸下以受领货物的一切卸货费，除非这些费用按照运输合同是由卖方承担。 c）任何因买方未按 B2 条规定履行义务或未按 B7 条给予通知而使卖方额外支付的费用，但以该项货物已经被清楚地确定为合同货物为限。 d）如适用时，办理进口海关手续的费用及货物进口时应交纳的一切关税、税款和其他费用。
A7 通知买方 卖方必须给予买方任何必要的通知，以便买方能够为领取货物采取通常必要的措施。	B7 通知卖方 一旦买方有权决定发送货物的时间和/或指定的目的地，或者指定目的地内接收货物的地点，买方必须就此给予卖方充分通知。
A8 交货凭证 卖方必须自付费用向买方提供提货单据，使买方能够同 A4 或 B4 条的规定提取货物。	B8 提货证据 买方必须接受卖方按照 A8 规定提供的交货单据。
A9 检查、包装、标志 卖方必须支付为按照 A4 规定交货所需进行的查对费用（如核对货物品质、丈量、过磅、点数的费用），以及出口国有关当局强制进行的装运前检验的费用。 卖方必须自付费用包装货物，除非按照相关行业惯例，运输的货物无需包装销售。 卖方可以以适合运输的形式包装货物，除非买方在订立销售合同前已经告知卖方特定的包装要求。包装应作恰当标记。	B9 货物检验 买方必须要支付任何装运前强制性检验的费用，但该检验系出口国官方所强制实施者不在此列。
A10 信息帮助和相关费用 在适用的情况下，应买方要求并由其承担风险和费用，卖方必须及时地给予买方一切协助，以帮助其取得他们所需要的货物进口和/或运送到最终目的地的一切文件及信息，包含安全相关信息。 卖方必须向买方支付所有买方因提供或协助卖方得到 B10 中规定的文件或信息而产生的费用。	B10 信息帮助和相关费用 a）买方必须要以适时的方式，通知卖方任何与安全有关的信息，以便卖方履行 A10 的规定。 b）买方必须偿付卖方按 A10 规定向买方方提供或协助其取得文件和信息所产生的一切费用。 c）在适用的情况下，买方必须依照卖方的请求，并由卖方负担一切费用和风险，以适时的方式为卖方提供或协助卖方取得为货物运输和出口，以及为货物从他国过境运输所需的任何文件和信息，包含安全相关信息。

（七）DDP——完税后交货（……指定目的地）

该规则可以适用于任何一种运输方式，也可以适用于同时采用多种运输方式的情况。

DDP 是指卖方在指定的目的地，将货物交给买方处置，并办理进口清关手续，准备好将在交货运输工具上的货物卸下交与买方，完成交货。卖方承担将货物运至指定的目的地的一切风险和费用，并有义务办理出口清关手续与进口清关手续，对进出口活动负责，以及办理一切海关手续。

DDP 规则下卖方承担最大责任。

因为到达指定地点过程中的费用和风险都由卖方承担，建议当事人尽可能明确地指定目的地。建议卖方在签订的运输合同中也正好符合上述选择的地点。如果卖方致使在目的地卸载货物的成本低于运输合同的约定，则卖方无权收回成本。当事人之间另有约定的除外。

如果卖方不能直接或间接地取得进口许可，不建议当事人使用 DDP 规则。

如果当事方希望买方承担进口的所有风险和费用，应使用 DAP 规则。

任何增值税或其他进口时需要支付的税项由卖方承担，合同另有约定的除外。

表 2-7   DDP 下的买卖双方的义务

A THE SELLER' OBLIGATIONS 卖方义务	B THE BUYER' OBLIGATIONS 买方义务
A1 卖方的一般义务 卖方必须要提供符合买卖合同约定的货物及商业发票，以及任何契约可能要求的其他任何符合证据。 A1 至 A10 中所提及的任何单据，如当事人协商一致或已有惯例，均可为具有同等法律效力的电子记录或程序。	B1 买方的一般义务 买方必须要依据买卖合同约定支付货物价款。 B1 至 B10 中所提及的任何单据，如当事人协商一致或已有惯例，均可为具有同等法律效力的电子记录或程序。
A2 许可证、授权、安检通关及其他手续 在需要办理海关手续时，应由卖方自负风险和费用、取得所有的进出口许可或其他官方授权，并办理货物出口和交货前从他国过境运输及进口所需的一切海关手续。	B2 许可证、授权、安检通关及其他手续 在需要办理海关手续时，应卖方要求并由其承担风险和费用，买方必须协助卖方取得货物进口所需所有进口许可或其他官方授权。
A3 运输合同与保险合同 a）运输合同。 卖方必须自付费用订立运输合同，将货物运至指定目的地或者指定目的地内的约定地点（如有约定）。如未约定或按照惯例也无法确定具体交货点，则卖方可在指定目的地内选择最适合其目的的交货点。 b）保险合同。 卖方对买方无订立保险合同的义务。但是，应买方的要求，在买方承担风险和费用（如果有的话）的前提下，卖方必须向买方提供其取得保险所需的信息。	B3 运输合同和保险合同 a）运输合同。 买方对卖方无订立运输合同的义务。 b）保险合同。 买方对卖方无订立保险合同的义务。但应卖方要求，买方必须向卖方提供其取得保险所需的信息。

A THE SELLER' OBLIGATIONS 卖方义务	B THE BUYER' OBLIGATIONS 买方义务
A4 交货 卖方必须在约定日期或期限内，在约定的地点（若有）或指定目的地，将仍处于抵达的运输工具上已做好卸货准备的货物交给买方处置。	B4 受领货物（接收货物） 买方必须在卖方按照 A4 规定交货时受领货物。
A5 风险转移 除发生 B5 中所描述之灭失或损坏的情形外，卖方必须承担货物灭失或损坏的一切风险，直到已经按照 A4 规定交货为止。	B5 风险转移 买方承担按照 A4 规定交货时起货物灭失或损坏的一切风险。 a）如果买方未按 B2 条的规定履行义务，买方承担由此产生的货物灭失或损坏的一切风险。 b）如果买方未按 B7 条的规定给予通知，自约定的交付货物的日期或期间届满之日起，买方承担货物灭失或损坏的一切风险。 但以该项货物已经被清楚地确定为合同项下之货物为限。
A6 费用划分 卖方必须支付的费用包括： a）除了按 B6 条规定的由买方支付的费用外，包括因 A3 条 a）款产生的费用，以及直至货物已按 A4 条的规定交付为止而产生的一切与货物有关的费用。 b）根据运输合同的规定，在交货地的任何卸货费用都有卖方承担。 c）如适用时，在按照 A4 交货前发生的，货物出口和进口所需海关手续费用以及进出口应交纳的一切关税、税款和其他费用，以及货物从他国过境运输的费用。	B6 费用划分 买方必须支付： a）自按照 A4 的规定交货时起与货物有关的一切费用。 b）在指定目的地将货物从交货运输工具上卸下以受领货物的一切卸货费，除非这些费用按照运输合同是由卖方承担。 c）任何因买方未按 B2 条规定履行义务或未按 B7 条给予通知而使卖方额外支付的费用，但以该项货物已经被清楚地确定为合同货物为限。
A7 通知买方 卖方必须给予买方任何必要的通知，以便买方能够为领取货物采取通常必要的措施。	B7 通知卖方 一旦买方有权决定发送货物的时间和/或指定的目的地，或者指定目的地内接收货物的地点，买方必须就此给予卖方充分通知。
A8 交货凭证 卖方必须自付费用向买方提供提货单据，使买方能够如同 A4 或 B4 条的规定提取货物。	B8 提货证据 买方必须接受卖方按照 A8 规定提供的交货单据。

表2-7(续)

A THE SELLER' OBLIGATIONS 卖方义务	B THE BUYER' OBLIGATIONS 买方义务
A9 检查、包装、标志 卖方必须支付为按照 A4 规定交货所需进行的查对费用（如核对货物品质、丈量、过磅、点数的费用），以及出口国有关当局强制进行的装运前检验的费用。 卖方必须自付费用包装货物，除非按照相关行业惯例，运输的货物无需包装销售。 卖方可以以适合运输的形式包装货物，除非买方在订立销售合同前已经告知卖方特定的包装要求。包装应作恰当标记。	B9 货物检验 买方必须要支付任何装运前强制性检验的费用，但该检验系出口国官方所强制实施者不在此列。
A10 信息帮助和相关费用 在适用的情况下，应买方要求并由其承担风险和费用，卖方必须及时地给予买方一切协助，以帮助其取得他们所需要的货物进口和/或运送到最终目的地的一切文件及信息，包含安全相关信息。 卖方必须向买方支付所有买方因提供或协助卖方得到 B10 中规定的文件或信息而产生的费用。	B10 信息帮助和相关费用 a）买方必须要以适时的方式，通知卖方任何与安全有关的信息，以便卖方履行 A10 的规定。 b）买方必须偿付卖方按照 A10 规定向买方提供或协助其取得文件和信息所产生的一切费用。 c）在适用的情况下，买方必须要依照卖方的请求，并由卖方负担一切费用和风险，以适时的方式为卖方提供或协助卖方取得为货物运输和出口，以及为货物从他国过境运输所需要的任何文件和信息，包含安全相关信息。

（八）FAS——船边交货（……指定装运港）

该规则仅适用于海运和内河运输。

FAS 是指卖方在指定装运港将货物交到买方指定的船边（例如码头上或驳船上），即完成交货。从那时起，货物灭失或损坏的风险转移至买方，并且由买方承担所有费用。

当事方应当尽可能在指定装运港明确指定出装货地点，这是因为到这一地点的费用与风险由卖方承担，并且根据港口交付惯例这些费用及相关的手续费可能会发生变化。

卖方在船边交付货物或者获得已经交付装运的货物。这里所谓的"获得"迎合了链式销售，在商品贸易中十分普遍。

当货物通过集装箱运输时，卖方通常在终点站将货物交给承运人，而不是在船边。在这种情况下，船边交货规则不适用，而应当适用货交承运人规则。

船边交货规则要求卖方在需要时办理货物出口清关手续。但是，卖方没有任何义务办理货物进口清关、支付任何进口税，以及办理任何进口海关手续。

表 2-8   FAS 下的买卖双方的义务

A THE SELLER' OBLIGATIONS 卖方义务	B THE BUYER' OBLIGATIONS 买方义务
A1 卖方的一般义务 卖方必须要提供符合买卖合同约定的货物及商业发票，以及任何契约可能要求的其他任何符合证据。 A1 至 A10 中所提及的任何单据，如当事人协商一致或已有惯例，均可为具有同等法律效力的电子记录或程序。	B1 买方的一般义务 买方必须要依据买卖合同约定支付货物价款。 B1 至 B10 中所提及的任何单据，如当事人协商一致或已有惯例，均可为具有同等法律效力的电子记录或程序。
A2 许可证、授权、安检通关及其他手续 在需要办理海关手续时，应由卖方自负风险和费用、取得所有的出口许可或其他官方授权，并办理货物出口所需的一切海关手续。	B2 许可证、授权、安检通关及其他手续 在需要办理海关手续时，应由买方自负风险和费用、取得所有进口许可或其他官方授权，并办理货物进口和从他国过境运输所需的一切海关手续。
A3 运输合同与保险合同 a）运输合同。 卖方对买方无订立运输合同的义务。但如果是根据买方要求或交易习惯且买方没有及时提出相反指示，由买方承担风险和费用的情况下，卖方可以按通常条件为买方订立运输合同。 在上述任一种情况下，卖方有权拒绝为买方订立运输合同，如果卖方拒绝，应及时通知买方。 b）保险合同。 卖方对买方无订立保险合同的义务。但是，应买方的要求，在买方承担风险和费用（如果有的话）的前提下，卖方必须向买方提供其取得保险所需的信息。	B3 运输合同和保险合同 a）运输合同。 除了卖方按照 A3 a）的规定签订运输合同的情形外，买方必须自付费用签订从指定装运港起运货物的运输合同。 b）保险合同。 买方对卖方无订立保险合同的义务。
A4 交货 卖方必须在买方指定的装运港内的装船点（若有），将货物交至买方指定的船边，或者取得已经在船边交付的货物。不论用哪种方式，卖方都必须在约定的日期或者期限内，按照该港的习惯方式交付货物。 如果买方没有指定特定的装货地点，卖方可以在指定的装运港内选择最符合其目的的装货点。如果双方约定在一定时期内交付货物，则买方可以在约定时期内选择交货日期。	B4 受领货物（接收货物） 买方必须在卖方依照 A4 的规定交货时受领货物。

表2-8（续）

A THE SELLER' OBLIGATIONS 卖方义务	B THE BUYER' OBLIGATIONS 买方义务
A5 风险转移 除发生 B5 中所描述之灭失或损坏的情形外，卖方必须承担货物灭失或损坏的一切风险，直到已经按照 A4 规定交货为止。	B5 风险转移 买方承担按照 A4 规定交货时起货物灭失或损坏的一切风险。 如果存在以下情况： a）买方未按 B7 条的规定给予通知。 b）买方指定的船舶未准时到达，或未收取货物，或早于 B7 通知的时间停止装货。 则自约定的交付货物的日期或期间届满之日起，买方承担货物灭失或损坏的一切风险。 但以该项货物已经被清楚地确定为合同项下之货物为限。
A6 费用划分 卖方必须支付： a）除了按 B6 条规定的由买方支付的费用外，直至货物已按 A4 条的规定交付为止而产生的一切与货物有关的费用。 b）如适用时，货物出口所需海关手续费用以及出口应交纳的一切关税、税款和其他费用。	B6 费用划分 买方必须支付： a）自按照 A4 的规定交货时起的与货物有关的一切费用，除了 A6 中 b）项规定的在需要办理海关手续时，货物出口所需海关手续费用，及货物出口时应交纳的一切关税、税款和其他费用。 b）因发生下列情况产生的一切额外费用： i）买方未按照 B7 及时通知卖方； ii）买方指定的船舶没有及时到达，未能收取货物，或早于 B7 通知的时间停止装货，但以该项货物已经被清楚地确定为合同货物为限。 c）如适用时，货物进口时办理海关手续的费用及应交纳的一切关税、税款和其他费用，以及从他国运输过境的费用。
A7 通知买方 由买方承担风险和费用，卖方必须给予买方关于货物已按 A4 规定交付或者船舶未能在约定的时间内接收货物的充分通知。	B7 通知卖方 买方必须给予卖方关于船舶的名称、装船地点和在约定期限内选定的交付时间（如有必要）的充分通知。
A8 交货凭证 卖方应自行承担费用向买方提供关于货物已按 A4 规定交付的通常证明。 除非上述证明是运输单据，否则，应买方请求并由买方承担风险和费用，卖方必须协助买方取得运输单据。	B8 提货证据 买方必须接受按照 A8 规定所提供的交货证明。

表2-8(续)

A THE SELLER' OBLIGATIONS 卖方义务	B THE BUYER' OBLIGATIONS 买方义务
A9 检查、包装、标志 卖方必须支付为按照 A4 规定交货所需进行的查对费用（如核对货物品质、丈量、过磅、点数的费用），以及出口国有关当局强制进行的装运前检验的费用。 卖方必须自付费用包装货物，除非按照相关行业惯例，运输的货物无需包装销售。 卖方可以以适合运输的形式包装货物，除非买方在订立销售合同前已经告知卖方特定的包装要求。包装应作恰当标记。	B9 货物检验 买方必须要支付任何装运前强制性检验的费用，但该检验系出口国官方所强制实施者不在此列。
A10 信息帮助和相关费用 在适用的情况下，应买方要求并由其承担风险和费用，卖方必须及时地给予买方一切协助，以帮助其取得他们所需的货物进口和/或运送到最终目的地的一切文件及信息，包含安全相关信息。 卖方必须向买方支付所有买方因提供或协助卖方得到 B10 中规定的文件或信息而产生的费用。	B10 信息帮助和相关费用 a）买方必须要以适时的方式，通知卖方任何与安全有关的信息，以便卖方履行 A10 的规定。 b）买方必须偿付卖方按照 A10 规定向买方方提供或协助其取得文件和信息所产生的一切费用。 c）在适用的情况下，买方必须要依照卖方的请求，并由卖方负担一切费用和风险，以适时的方式为卖方提供或协助卖方取得为货物运输和出口，以及为货物从他国过境运输所需的任何文件和信息，包含安全相关信息。

（九）FOB——船上交货（……指定装运港）

该规则只适用于海运或内河运输。

FOB 是指卖方在指定的装运港，将货物交至买方指定的船只上，或者指（中间销售商）设法获取这样交付的货物。一旦装船，买方将承担货物灭失或损坏造成的所有风险。

卖方被要求将货物交至船只上或者获得已经这样交付装运的货物。这里所谓的"获得"迎合了链式销售，在商品贸易中十分普遍。

FOB 不适用于货物在装船前移交给承运人的情形。比如，货物通过集装箱运输，并通常在目的地交付。在这些情形下，适用 FCA 的规则。

在适用 FOB 时，销售商负责办理货物出口清关手续。但销售商无义务办理货物进口清关手续、缴纳进口关税，以及办理任何进口报关手续。

表 2-9 FOB 下的买卖双方的义务

A THE SELLER' OBLIGATIONS 卖方义务	B THE BUYER' OBLIGATIONS 买方义务
A1 卖方的一般义务 卖方必须要提供符合买卖合同约定的货物及商业发票，以及任何契约可能要求的其他任何符合证据。 A1 至 A10 中所提及的任何单据，如当事人协商一致或已有惯例，均可为具有同等法律效力的电子记录或程序。	B1 买方的一般义务 买方必须要依据买卖合同约定支付货物价款。 B1 至 B10 中所提及的任何单据，如当事人协商一致或已有惯例，均可为具有同等法律效力的电子记录或程序。
A2 许可证、授权、安检通关及其他手续 在需要办理海关手续时，应由卖方自负风险和费用、取得所有的出口许可或其他官方授权，并办理货物出口所需的一切海关手续。	B2 许可证、授权、安检通关及其他手续 在需要办理海关手续时，应由买方自负风险和费用、取得所有的进口许可或其他官方授权，并办理货物进口和从他国过境运输所需的一切海关手续。
A3 运输合同与保险合同 a）运输合同。 卖方对买方无订立运输合同的义务。但如果是根据买方要求或交易习惯且买方没有及时提出相反指示，由买方承担风险和费用的情况下，卖方可以按通常条件为买方订立运输合同。 在上述任一种情况下，卖方有权拒绝为买方订立运输合同。如果卖方拒绝，应及时通知买方。 b）保险合同。 卖方对买方无订立保险合同的义务。但是，应买方的要求，在买方承担风险和费用（如果有的话）的前提下，卖方必须向买方提供其取得保险所需的信息。	B3 运输合同和保险合同 a）运输合同。 除了卖方按照 A3 a）的规定签订运输合同的情形外，买方必须自付费用签订从指定装运港起运货物的运输合同。 b）保险合同。 买方对卖方无订立保险合同的义务。
A4 交货 卖方必须在买方指定的装运港内的装船点（若有），将货物交至买方指定的船边，或者取得已经在船边交付的货物。不论用哪种方式，卖方都必须在约定的日期或者期限内，按照该港的习惯方式交付货物。 如果买方没有指定特定的装货地点，卖方可以在指定的装运港内选择最符合其目的的装货点。	B4 受领货物（接收货物） 买方必须在卖方依照 A4 的规定交货时受领货物。

表2-9（续）

A THE SELLER' OBLIGATIONS 卖方义务	B THE BUYER' OBLIGATIONS 买方义务
A5 风险转移 除发生 B5 中所描述之灭失或损坏的情形外，卖方必须承担货物灭失或损坏的一切风险，直到已经按照 A4 规定交货为止。	B5 风险转移 买方承担按照 A4 规定交货时起货物灭失或损坏的一切风险。 如果出现以下情况： a）买方未按 B7 通知指定的船舶名称。 b）买方指定的船舶没有准时到达，以致卖方无法履行 A4 规定；或该船舶不能够装载该货物；或者该船舶早于 B7 通知的时间停止装货。 则自以下所述之日起买方承担货物灭失或损失的全部风险： ⅰ）协议规定的日期起； ⅱ）若没有协议约定的日期，则自卖方在约定期限内按照 A7 通知的日期起； ⅲ）若没有约定通知日期，则自任一约定的交付期限届满之日起。 但以该项货物已经被清楚地确定为合同项下之货物为限。
A6 费用划分 卖方必须支付： a）除了按 B6 条规定的由买方支付的费用外，直至货物已按 A4 条的规定交付为止而产生的一切与货物有关的费用。 b）如适用时，货物出口所需海关手续费用以及出口应交纳的一切关税、税款和其他费用。	B6 费用划分 买方必须支付： a）自按照 A4 的规定交货时起的与货物有关的一切费用，除了 A6 中 b）项规定的在需要办理海关手续时，货物出口所需海关手续费用，及货物出口时应交纳的一切关税、税款和其他费用。 b）因发生下列情况产生的一切额外费用： ⅰ）买方未按照 B7 及时通知卖方； ⅱ）买方指定的船舶没有及时到达，未能收取货物，或早于 B7 通知的时间停止装货，但以该项货物已经被清楚地确定为合同货物为限。 c）如适用时，货物进口时办理海关手续的费用及应交纳的一切关税、税款和其他费用，以及从他国运输过境的费用。
A7 通知买方 由买方承担风险和费用，卖方必须给予买方关于货物已按 A4 规定交付或者船舶未能在约定的时间内接收货物的充分通知。	B7 通知卖方 买方必须给予卖方关于船舶的名称、装船地点和在约定期限内选定的交付时间（如有必要）的充分通知。

表2-9（续）

A THE SELLER' OBLIGATIONS 卖方义务	B THE BUYER' OBLIGATIONS 买方义务
A8 交货凭证 卖方应自行承担费用向买方提供关于货物已按A4 规定交付的通常证明。 除非上述证明是运输单据，否则，应买方请求并由买方承担风险和费用，卖方必须协助买方取得运输单据。	B8 提货证据 买方必须接受按照 A8 规定所提供的交货证明。
A9 检查、包装、标志 卖方必须支付为按照 A4 规定交货所需进行的查对费用（如核对货物品质、丈量、过磅、点数的费用），以及出口国有关当局强制进行的装运前检验的费用。 卖方必须自付费用包装货物，除非按照相关行业惯例，运输的货物无需包装销售。 卖方可以以适合运输的形式包装货物，除非买方在订立销售合同前已经告知卖方特定的包装要求。包装应作恰当标记。	B9 货物检验 买方必须要支付任何装运前强制性检验的费用，但该检验系出口国官方所强制实施者不在此列。
A10 信息帮助和相关费用 在适用的情况下，应买方要求并由其承担风险和费用，卖方必须及时地给予买方一切协助，以帮助其取得他们所需要的货物进口和/或运送到最终目的地的一切文件及信息，包含安全相关信息。 卖方必须向买方支付所有买方因提供或协助卖方得到 B10 中规定的文件或信息而产生的费用。	B10 信息帮助和相关费用 a）买方必须要以适时的方式，通知卖方任何与安全有关的信息，以便卖方履行 A10 的规定。 b）买方必须偿付卖方按照 A10 规定向买方方提供或协助其取得文件和信息所产生的一切费用。 c）在适用的情况下，买方必须要依照卖方的请求，并由卖方负担一切费用和风险，以适时的方式为卖方提供或协助卖方取得为货物运输和出口，以及为货物从他国过境运输所需要的任何文件和信息，包含安全相关信息。

（十）CFR——成本加运费付至（……指定目的港）

该规则只适用于海路及内陆水运。

CFR 是指卖方交付货物于船舶之上或采购已如此交付的货物，而货物损毁或灭失之风险从货物转移至船舶之上起转移，卖方应当承担并支付必要的成本加运费以使货物运送至目的港。

当使用 CPT、CIP、CFR 或 CIF 规则时，卖方在将货物交至已选定运输方式的运送者时，其义务即已履行，而非货物抵达目的地时方才履行。

本规则有目的港和装运港两个关键点。因为风险转移地和运输成本的转移地是不同的，尽管合同中通常会确认一个目的港，而未必指定装运港（即风险转移给买方的地方）。如果买方对装运港关乎买方的特殊利益特别在意，建议双方就此在合同中尽可能精确地加以确认。

建议双方尽可能准确确认目的港，并订立与此项选择（目的港选择）精确相符的运输合同，因为由目的港问题产生的成本加运费由卖方承担。如果因买方原因致使运输合同与卸货点基于目的港发生关系，那么除非双方达成一致，否则卖方无权从买方处收回这些费用。

成本加运费对于货物在装到船舶之上前即已交给（原为交付）承运人的情形可能不适用，例如通常在终点站（即抵达港、卸货点，区别于 port of destination）交付的集装箱货物。在这种情况（如当事各方无意越过船舷交货）下，宜使用 CPT 规则。

成本加运费原则要求卖方在合适的情况下办理出口清关手续。但是，卖方无义务为货物办理进口清关、支付进口关税，以及完成任何进口地海关的报关手续。

表 2-10   CFR 下的买卖双方的义务

A THE SELLER' OBLIGATIONS 卖方义务	B THE BUYER' OBLIGATIONS 买方义务
A1 卖方的一般义务 卖方必须要提供符合买卖合同约定的货物及商业发票，以及任何契约可能要求的其他任何符合证据。 A1 至 A10 中所提及的任何单据，如当事人协商一致或已有惯例，均可为具有同等法律效力的电子记录或程序。	B1 买方的一般义务 买方必须要依据买卖合同约定支付货物价款。 B1 至 B10 中所提及的任何单据，如当事人协商一致或已有惯例，均可为具有同等法律效力的电子记录或程序。
A2 许可证、授权、安检通关及其他手续 在需要办理海关手续时，应由卖方自负风险和费用、取得所有的出口许可或其他官方授权，并办理货物出口所需的一切海关手续。	B2 许可证、授权、安检通关及其他手续 在需要办理海关手续时，应由买方自负风险和费用、取得所有进口许可或其他官方授权，并办理货物进口和从他国过境运输所需的一切海关手续。
A3 运输合同与保险合同 a）运输合同。 卖方必须签订或取得运输合同，将货物自交货地内的约定交货点（如果有的话）运送至指定目的港或该目的港的交付点（如果有约定）。运输合同需按照通常条件订立，由卖方支付费用，并规定由通常用来运输该类货物的船舶、经由惯常航线运输。 b）保险合同。 卖方对买方无订立保险合同的义务。但是，应买方的要求，在买方承担风险和费用（如果有的话）的前提下，卖方必须向买方提供其取得保险所需的信息。	B3 运输合同和保险合同 a）运输合同。 买方对卖方无订立运输合同的义务。 b）保险合同。 买方对卖方无订立保险合同的义务。但应卖方要求，买方必须向卖方提供其取得保险所需的信息。

表2-10（续）

A THE SELLER' OBLIGATIONS 卖方义务	B THE BUYER' OBLIGATIONS 买方义务
A4 交货 卖方必须将货物装上船，或者取得已装船货物。在任何一种情形下，卖方都必须在约定的日期或者期限内，按照该港的习惯方式交付货物。	B4 受领货物 买方必须在卖方按照 A4 规定交货时受领货物，并在指定目的港从承运人处收受货物。
A5 风险转移 除发生 B5 中所描述之灭失或损坏的情形外，卖方必须承担货物灭失或损坏的一切风险，直到已经按照 A4 规定交货为止。	B5 风险转移 买方承担按照 A4 规定交货时起货物灭失或损坏的一切风险。 如果买方未按照 B7 通知卖方，买方必须从约定的交货日期或交货期限届满之日起，承担货物灭失或损坏的一切风险，但以该项货物已经被清楚地确定为合同项下之货物为限。
A6 费用划分 卖方必须支付以下费用： a）除了按 B6 条规定的由买方支付的费用外，直至货物已按 A4 条的规定交付为止而产生的一切与货物有关的费用。 b）按照 A3 a）规定所发生的运费和所有其他费用，包括在港口装载货物的费用以及根据运输合同由卖方支付的在约定卸货港的卸货费。 c）如适用时，货物出口所需海关手续费用以及出口应交纳的一切关税、税款和其他费用，以及按照运输合同规定，由卖方支付的货物从他国运输过境的费用。	B6 费用划分 除 A3 条款第一项的规定费用之外，买方还必须支付以下费用： a）自按照 A4 的规定交货时起的与货物有关的一切费用，除了 A6 中 c）项规定的在需要办理海关手续时，货物出口所需海关手续费用，及货物出口时应交纳的一切关税、税款和其他费用。 b）货物在运输途中直至到达目的港为止的一切费用，除非这些费用根据运输合同应由卖方支付。 c）卸货费用，包括驳船费和码头费。除非该成本和费用在运输合同是由卖方支付的。 d）如买方未按照 B7 发出通知，则自约定运输之日或约定运输期限届满之日起所发生的一切额外费用，但以该货物已被清楚地确定为合同项下之货物为限。 e）在需要办理海关手续时，货物进口应交纳的一切关税、税款和其他费用、办理海关手续的费用，以及需要时从他国过境的费用。除非这些费用已包括在运输合同中。
A7 通知买方 卖方必须给予买方任何必要的通知，以便买方能够为领取货物采取通常必要的措施。	B7 通知卖方 一旦买方有权决定发送货物的时间和/或指定的目的地，或者指定目的地内接收货物的地点，买方必须就此给予卖方充分通知。

表2-10(续)

A THE SELLER' OBLIGATIONS 卖方义务	B THE BUYER' OBLIGATIONS 买方义务
A8 交货凭证 卖方必须自负费用，不得延迟地向买方提供表明载往约定目的港的通常运输单据。 该运输单据必须载明合同中的货物，其签发日期必须在约定的装运期限内，并使买方能够在指定目的港向承运人索取货物。同时，除非另有约定，该运输单据应能使买方在货物运输途中以向下家转让单据或通知承运人的方式出售货物。 当此类运输单据是以可转让的方式签发的，并且有多份正本时，必须将整套正本单据提交给买方。	B8 提货证据 如果符合合同规定，买方必须接受按照 A8 规定提供的运输单据。
A9 检查、包装、标志 卖方必须支付为按照 A4 规定交货所需进行的查对费用（如核对货物品质、丈量、过磅、点数的费用），以及出口国有关当局强制进行的装运前检验的费用。 卖方必须自付费用包装货物，除非按照相关行业惯例，运输的货物无需包装销售。 卖方可以以适合运输的形式包装货物，除非买方在订立销售合同前已经告知卖方特定的包装要求。包装应作恰当标记。	B9 货物检验 买方必须要支付任何装运前强制性检验的费用，但该检验系出口国官方所强制实施者不在此列。
A10 信息帮助和相关费用 在适用的情况下，应买方要求并由其承担风险和费用，卖方必须及时地给予买方一切协助，以帮助其取得他们所需要的货物进口和/或运送到最终目的地的一切文件及信息，包含安全相关信息。 卖方必须向买方支付所有买方因提供或协助卖方得到 B10 中规定的文件或信息而产生的费用。	B10 信息帮助和相关费用 a）买方必须要以适时的方式，通知卖方任何与安全有关的信息，以便卖方得以履行 A10 的规定。 b）买方必须偿付卖方按照 A10 规定向买方提供或协助其取得文件和信息所产生的一切费用。 c）在适用的情况下，买方必须要依照卖方的请求，并由卖方负担一切费用和风险，以适时的方式为卖方提供或协助卖方取得为货物运输和出口，以及为货物从他国过境运输所需要的任何文件和信息，包含安全相关信息。

（十一）CIF——成本、保险和运费付至（……指定目的港）

该规则仅适用于海运和内河运输。

CIF 是指卖方将货物装上船或指中间销售商设法获取这样交付的商品。货物灭失或损坏的风险在货物于装运港装船时转移向买方。卖方须自行订立运输合同，支付将货物装运至指定目的港所需的运费和费用。

卖方须订立货物在运输途中由买方承担的货物灭失或损坏风险的保险合同。买方须知晓在 CIF 规则下卖方有义务投保的险别仅是最低保险险别。如买方望得到更为充分的保险保障，则需与卖方明确地达成协议或者自行做出额外的保险安排。

当使用 CPT、CIP、CFR 或者 CIF 规则时，卖方须在向承运方移交货物之时而非在货物抵达目的地时，履行已选择的规则相应规范的运输义务。

此规则因风险和费用分别于不同地点发生转移而具有两个关键点。合同惯常会指定相应的目的港，但可能不会进一步详细指明装运港，即风险向买方转移的地点。如买方对装运港尤为关注，那么合同双方最好在合同中尽可能精确地确定装运港。

当事人最好尽可能确定在约定的目的港内的交货地点，并由卖方承担至交货地点的费用。当事人应当尽可能精准地检验约定的目的地港口，并由卖方承担检验费用。卖方应当签订确切适合的运输合同。如果卖方发生了运输合同之下的于指定目的港卸货费用，则卖方无需为买方支付该费用，除非当事人之间有其他约定。

卖方必须将货物送至船上或者由中间销售商承接已经交付的货物并运送到目的地。除此之外，卖方必须签订一个运输合同或者提供类似的协议。这里的"提供"是为一系列的多项贸易过程（连锁贸易）服务，在商品贸易中很普遍。

CIF 规则并不适用于货物在装上船以前就转交给承运人的情况，如通常运到终点站交货的集装箱货物。在这样的情况下，应当适用 CIP 规则。

CIF 规则要求卖方在适用的情况下办理货物出口清关手续。然而，卖方没有义务办理货物进口清关手续、缴纳任何进口关税，以及办理进口海关手续。

表 2-11　　　　　　　　　　　　CIF 下的买卖双方的义务

A THE SELLER' OBLIGATIONS 卖方义务	B THE BUYER' OBLIGATIONS 买方义务
A1 卖方的一般义务 卖方必须要提供符合买卖合同约定的货物及商业发票，以及任何契约可能要求的其他任何符合证据。 A1 至 A10 中所提及的任何单据，如当事人协商一致或已有惯例，均可为具有同等法律效力的电子记录或程序。	B1 买方的一般义务 买方必须要依据买卖合同约定支付货物价款。 B1 至 B10 中所提及的任何单据，如当事人协商一致或已有惯例，均可为具有同等法律效力的电子记录或程序。
A2 许可证、授权、安检通关及其他手续 在需要办理海关手续时，应由卖方自负风险和费用、取得所有的出口许可或其他官方授权，并办理货物出口所需的一切海关手续。	B2 许可证、授权、安检通关及其他手续 在需要办理海关手续时，应由买方自负风险和费用、取得所有进口许可或其他官方授权，并办理货物进口和从他国过境运输所需的一切海关手续。

A THE SELLER' OBLIGATIONS 卖方义务	B THE BUYER' OBLIGATIONS 买方义务
A3 运输合同与保险合同 a）运输合同。 卖方必须自付费用签订或取得运输合同，将货物自交货地内的约定交货点（如果有的话）运送至指定目的港或该目的港的交付点（如果有约定）。运输合同需按照通常条件订立，由卖方支付费用，并规定由通常用来运输该类货物的船舶、经由惯常航线运输。 b）保险合同。 卖方须自付费用，按照至少符合《协会货物保险条款》（LMA/IUA）C款或其他类似条款中规定的最低保险险别投保。该保险合同应与信誉良好的承保人或保险公司订立，并保证买方或其他对货物具有可保利益的人有权直接向保险人索赔。 应买方要求，买方能够提供卖方需要的一切信息，并且由买方负担费用时，如果能够办理的话，卖方应办理任何附加险别，例如《协会货物保险条款》（LMA/IUA）中的条款（A）或条款（B）或任何类似的条款中提供的险别，也可同时或单独办理《协会战争险条款》和（或）《协会罢工险条款》（LMA/IUA）或其他类似条款的险别。 最低保险金额应是合同中所规定的价款另加百分之十（即110%），并采用合同货币。 保险期间应当从货物自A4和A5条款规定的交货点起，至少到指定的目的港止。 卖方必须向买方提供保险单或其他保险承保的证据。 此外，应买方的要求，并由买方承担风险及费用（如有的话）的情况下，卖方必须向买方提供其取得附加险所需的信息。	B3 运输合同和保险合同 a）运输合同。 买方对卖方无订立运输合同的义务。 b）保险合同。 买方对卖方无订立保险合同的义务。但是，应卖方要求，买方必须按照A3 b）的规定向卖方提供必要的信息，以便卖方应买方之要求购买任何附加保险。
A4 交货 卖方必须将货物装上船，或者取得已装船货物。在任何一种情形下，卖方都必须在约定的日期或者期限内，按照该港的习惯方式交付货物。	B4 受领货物 买方必须在卖方按照A4规定交货时受领货物，并在指定目的港从承运人处收受货物。

表2-11（续）

A THE SELLER' OBLIGATIONS 卖方义务	B THE BUYER' OBLIGATIONS 买方义务
A5 风险转移 除发生 B5 中所描述之灭失或损坏的情形外，卖方必须承担货物灭失或损坏的一切风险，直到已经按照 A4 规定交货为止。	B5 风险转移 买方承担按照 A4 规定交货时起货物灭失或损坏的一切风险。 如果买方未按照 B7 通知卖方，买方必须从约定的交货日期或交货期限届满之日起，承担货物灭失或损坏的一切风险，但以该项货物已经被清楚地确定为合同项下之货物为限。
A6 费用划分 卖方必须支付： a）除在 B6 中规定的应由买方支付的费用外的与货物有关的一切费用，直至按 A4 规定交货为止。 b）按照 A3 a）规定所发生的运费和所有其他费用，包括在港口装载货物的费用以及根据运输合同由卖方支付的在约定卸货港的卸货费。 c）按照 A3 b）规定所发生的保险费用。 d）要办理海关手续时，货物出口所需海关手续费以及出口应缴纳的一切关税、税款和其他费用，以及根据运输合同规定的由卖方支付的货物从他国过境运输的费用。	B6 费用划分 除 A3 a）规定外，买方必须支付： a）照 A4 规定交货之时起与货物有关的一切费用，但不包括 A6 d）中规定的在需要办理海关手续时，货物出口需要办理的海关手续费以及出口应缴纳的一切关税、税款和其他费用。 b）货物在运输途中直至到达目的地港为止的一切费用。运输合同中规定由卖方承担的除外。 c）卸货费用，包括驳船费和码头费。除非该成本和费用在运输合同是由卖方支付的。 d）如买方未按照 B7 发出通知，则自约定运输之日或约定运输期限届满之日起，所发生的一切额外费用，但以该货物已被清楚地确定为合同项下之货物为限。 e）要办理海关手续时，货物进口应交纳的一切关税、税款和其他费用，货物进口需要办理的海关手续费，以及从他国过境的费用。已包含在运输合同所规定的费用中的除外。 f）根据 A3 b）和 B3 b），任何因买方要求办理附加保险所产生的费用。
A7 通知买方 卖方必须给予买方任何必要的通知，以便买方能够为领取货物采取通常必要的措施。	B7 通知卖方 一旦买方有权决定发送货物的时间和/或者指定的目的地或者指定目的地内接收货物的地点，买方必须就此给予卖方充分通知。

表2-11（续）

A THE SELLER' OBLIGATIONS 卖方义务	B THE BUYER' OBLIGATIONS 买方义务
A8 交货凭证 卖方必须自付费用，不得延迟地向买方提供表明载往约定目的港的通常运输单据。 该运输单据必须载明合同中的货物，其签发日期必须在约定的装运期限内，并使买方能够在指定目的港向承运人索取货物。同时，除非另有约定，该运输单据应能使买方在货物运输途中以向下家转让单据或通知承运人的方式出售货物。 当此类运输单据是以可转让的方式签发的，并且有多份正本时，必须将整套正本单据提交给买方。	B8 提货证据 如果符合合同规定，买方必须接受按照 A8 规定提供的运输单据。
A9 检查、包装、标志 卖方必须支付为按照 A4 规定交货所需进行的查对费用（如核对货物品质、丈量、过磅、点数的费用），以及出口国有关当局强制进行的装运前检验的费用。 卖方必须自付费用包装货物，除非按照相关行业惯例，运输的货物无需包装销售。 卖方可以以适合运输的形式包装货物，除非买方在订立销售合同前已经告知卖方特定的包装要求。包装应作恰当标记。	B9 货物检验 买方必须要支付任何装运前强制性检验的费用，但该检验系出口国官方所强制实施者不在此列。
A10 信息帮助和相关费用 在适用的情况下，应买方要求并由其承担风险和费用，卖方必须及时地给予买方一切协助，以帮助其取得他们所需要的货物进口和/或运送到最终目的地的一切文件及信息，包含安全相关信息。 卖方必须向买方支付所有买方因提供或协助卖方得到 B10 中规定的文件或信息而产生的费用。	B10 信息帮助和相关费用 a）买方必须要以适时的方式，通知卖方任何与安全有关的信息，以便卖方履行 A10 的规定。 b）买方必须偿付卖方按照 A10 规定向买方方提供或协助其取得文件和信息所产生的一切费用。 c）在适用的情况下，买方必须要依照卖方的请求，并由卖方负担一切费用和风险，以适时的方式为卖方提供或协助卖方取得为货物运输和出口，以及为货物从他国过境运输所需要的任何文件和信息，包含安全相关信息。

第三章 对外贸易实务的基本流程

第一节 对外贸易的基本做法

一、各种国际贸易方式的运用

在国际贸易中，除通常使用的单边进口和单边出口贸易这种逐笔售定的贸易方式外，根据市场环境、商品流通渠道、交易条件和贸易习惯等方面的不同，还可采用其他贸易方式，如经销、代理、寄售、展卖、招标与投标、拍卖、期货交易、对销贸易相加工贸易等。近年来，随着电子技术的发展和贸易方式、方法的改变，又兴起了电子商务这种新型的贸易方式。每种贸易方式都有各自的特点，其具体要求和做法各不相同。因此，了解各种贸易方式的特点，学会灵活运用和结合使用各种贸易方式，对发展对外贸易具有重要的意义。

实践表明，我国灵活运用各种贸易方式是很有成效的。例如，为了利用外商的销售渠道，我国生产的轻纺产品、机电产品和工艺品等，采用经销、代理和寄售等方式，有效地扩大了销路。我们利用招标与投标以及对销贸易的方式，既采购了我国急需的建设物资、生产设备和器材，又扩大了我国产品的出口。为了增加外汇收入，我们还开展了各种形式的加工贸易。此外，期货交易和电子商务也相继发展起来，其运用范围正在扩大。上述这些贸易方式，将在本书有关章节中专门介绍。

二、国际贸易争议的预防和处理

在国际贸易中，无论通过何种贸易方式达成的交易，在订立合同后，如果合同没有履行，或履约当中一方出现违约情况，致使对方蒙受经济损失，则受损害方有权采取各种必要的救济方法，就会产生索赔、理赔与处理纠纷的问题。针对合同订立后可能出现的这些问题，当事人在订立买卖合同时，即约定不可抗力、索赔和仲裁条款，以明确处理争议的依据和办法。

第二节 对外贸易实务的流程

在对外贸易中，由于交易方式和成交条件不同，其业务环节也不尽相同。各环节的工作，有的分先后进行，有的先后交叉进行，也有的齐头并进。但是，不论进口或出口交易，一般都包括交易前的准备、商订合同和履行合同三个阶段。现将进出口贸易的基本流程做如下简介。

一、出口贸易的基本流程

1. 交易前的准备

出口交易前的准备工作，主要包括下列事项：

（1）落实货源和做好备货工作。

（2）加强对国外市场与客户的调查研究，选择适销的目标市场和资信好的客户。

（3）制定出口商品经营方案或价格方案，以便在对外洽商交易时胸有成竹。

（4）开展多种形式的广告宣传和促销活动。

2. 商订出口合同

在做好上述准备工作之后，出口商通过函电联系或当面洽谈等方式，同国外客户磋商交易，当一方的发盘被另一方接受后，交易即告达成，合同就算订立。

3. 出口合同的履行

出口合同订立后，交易双方就要根据重合同、守信用的原则，履行各自承担的义务。如按 CIF 条件和信用证付款方式达成的交易，就卖方履行出口合同而言，主要包括下列各环节的工作：

（1）认真备货，按时、按质、按量交付约定的货物。

（2）落实信用证，做好催证、审证、改证工作。

（3）及时租船订舱，安排运输、保险，并办理出口报关手续。

（4）缮制、备妥有关单据，及时向银行交单结汇，收取货款。

二、进口贸易的基本流程程序

1. 交易前的准备

进口交易前的准备工作，主要包括下列事项：

（1）制定进口商品经营方案或价格方案，以便在对外洽商交易和采购商品时，做到心中有数，避免盲目行事。

（2）在对国外市场和外商资信情况调查研究的基础上，经过货比三家，选择适当的采购市场和供货对象。

2. 商订进口合同

商订进口合同与商订出口合同的程序与做法基本相同，但应强调指出的是，如属购买高新技术、成套设备或大宗交易，更应注意选配好洽谈人员，组织一个拥有各种专业人员的谈判班子，并切实做好比价工作。

3. 进口合同的履行

履行进口合同与履行出口合同的程序相反，工作侧重点也不一样。如按 FOB 条件和信用证付款方式成交，买方履行合同的程序一般包括下列几项：

（1）按合同规定向银行申请开立信用证。

（2）及时派船到对方口岸接运货物，并催促卖方备货装船。

（3）办理货运保险。

（4）审核有关单据，在单证相符时付款赎单。

（5）办理进口报关手续，并验收货物。

三、CIF和信用证方式下对外贸易业务的详细流程

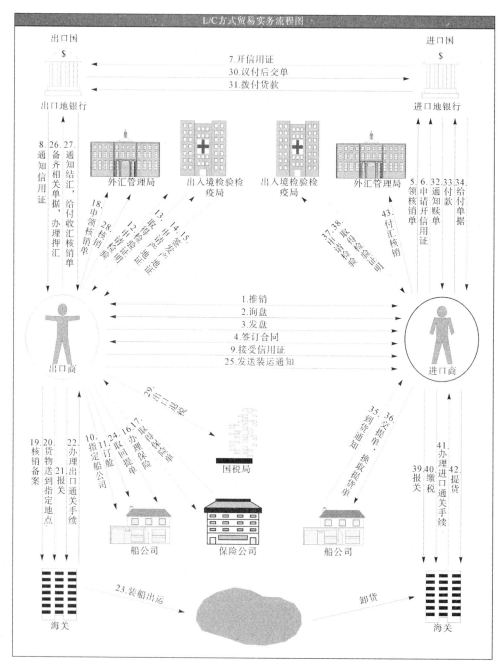

图3-1　CIF和信用证方式下对外贸易业务的详细流程

1. 推销

进出口商要将产品打进国际市场，必须先开拓市场，寻找合适的交易对象，可以通过寄送业务推广函电（Sale Letter）或在计算机网络、国外报刊上刊登产品广告来推销自己，同时也可通过参加商展、实地到国外考察等途径来寻找交易对象，增加贸易机会。

2. 询盘

询盘又称为询价，是指进口商收到出口商的业务推广函电或看到广告后，根据自己的需要，对有意进一步洽商的出口商予以询盘（Inquiry），以期达成交易。

3. 发盘

发盘又称为报价，是指出口商按买主来函要求，先向供货的工厂询盘，然后计算出口报价回函给进口商。这期间可能需要函电多次往返接洽，最后得到关于价格条款的一致意见。

4. 签订合同

国外买主与出口商经一番讨价还价后，就各项交易条件达成一致，正式签订外销合同（Contract 或 Agreement）。

5. 领核销单

为保证企业严格按照正常贸易活动的外汇需要来使用外汇，杜绝各种形式的套汇、逃汇、骗汇等违法犯罪行为，我国规定企业对外付汇要通过国家审核，实行进口付汇核销制度。采用信用证结算方式时，进口商须在开证前到外汇指定银行领取贸易进口付汇核销单（代申报单），凭以办理进口付汇手续；其他结算方式下则在付款前领此单。

6. 申请开信用证

进口商填妥付汇核销单后，再开具不可撤销信用证开证申请书（Irrevocable Documentary Credit Application），向其有往来的外汇银行申请开立信用证。

7. 开信用证

开证银行接受申请并根据申请书开立信用证（Letter of Credit；L/C），经返还进口商确认后，将信用证寄给出口地银行（在出口国称通知银行），请其代为转送给出口商。

8. 通知信用证

出口地银行填妥信用证通知书（Notification of Documentary Credit），将信用证通知出口商。

9. 接受信用证

出口商收到通知银行送来的信用证后，经审核无误，接受信用证，即可开始备货、装船等事宜。如信用证有误，可要求进口商修改。

10. 指定船公司

在 CIF 或 CFR 术语下，出口商一边备货，一边还要寻找合适的船公司，以提前做好装运准备；在 FOB 术语下，此步骤则应由进口商完成。

11. 订舱

确定好船公司后，出口商即应根据相应的船期，配合装运期限进行订舱，经船公司接受后发给配舱通知，凭以填制其他单据，办理出口报关及装运手续。

12. 申请检验

出口商根据信用证的规定填写出境货物报检单（Application for Certificate of Export Inspection），并备齐商业发票、装箱单等相关文件向出入境检验检疫局申请出口检验。

13. 取得检验证明

检验机构经对商品检验合格后，签发出境货物通关单；并根据出口商的要求，签发相应的商检证书，如品质证书、健康证书等。

14. 申请产地证

出口商填妥相应的产地证明书向相关单位申请签发，其中原产地证明书（Certificate of Origin）与普惠制产地证明书（Generalized System of Preferences Certificate of Origin "Form A"）应向出入境检验检疫局申请，而输欧盟纺织品产地证则应向商务部授权的纺织品出口证书发证机构（图上未标出）申请。

15. 签发产地证

相关机构经过审核，根据出口商的申请，签发相应的产地证书。

16. 办理保险

在 CIF 术语下，保险由出口商办理，出口商须根据信用证的规定填写货物运输保险投保单（Cargo Transportation Insurance Application），并附商业发票向保险公司投保。交易条件若是 CIF 时，保险才由出口商办理；若是 FOB 或 CFR 时，则应由进口商办理保险。

17. 取得保险单

保险公司承保后，签发货物运输保险单（Cargo Transportation Insurance Policy）给出口商。

18. 申领核销单

我国法律规定，境内出口单位向境外出口货物，均应当办理出口收汇核销手续。出口商在报关前，须到外汇管理局申领出口收汇核销单。

19. 核销备案

填妥核销单后，出口商即可凭以向海关申请核销备案。

20. 货物送到指定地点

出口商办完以上各项手续后，将货物送抵指定的码头或地点，以便报关出口。

21. 报关

送出货物后，出口商填妥出口货物报关单，并备齐相关文件（出口收汇核销单、商业发票、装箱单、出境货物通关单等），向海关投单报关。

22. 办理出口通关手续

海关审核单据无误后即办理出口通关手续，签发加盖验讫章的核销单与报关单（出口退税联）给出口商，以便其办理核销与退税。

23. 装船出运

通关手续完成后，货物即装上船，开航。

24. 取回提单（B/L）

船公司须等到货物已装上船（B/L 上有记载 On Board Date），并起航后才签发提单，因此货物出运后，出口商就可到船公司领取海运提单（Bill of Lading；B/L）。

25. 发送装运通知

出口商将货物运出后，应向买主寄发装运通知（Shipping Advice）。尤其是在 FOB、CFR 术语下，保险由买方自行负责时，出口商须尽快发送装运通知以便买方凭此办理保险事宜。

26. 备齐相关单据办理押汇

货物装运出口后，出口商按 L/C 上的规定，备妥相关文件（商业发票、装箱单、海运提单、货物运输保险单、商检证书、产地证、信用证等），并签发以进口商为付款人的汇票（Bill of Exchange），向出口地银行要求押汇（Negotiation）。以出口单据作为质押，向银行取得融资。

27. 通知结汇，给付收汇核销单

押汇单据经押汇银行验审与信用证的规定相符，即拨付押汇款，通知出口商可以结汇，同时收取一定押汇费用。此外，银行还将出具加盖"出口收汇核销专用联章"的出口收汇核销专用联给出口商。

28. 核销

出口商凭出口收汇核销专用联及其他相关文件（出口收汇核销单送审登记表、报关单、出口收汇核销单、商业发票等）向外管局办理核销，办理完成后，外管局发还出口收汇核销单（第三联）。

29. 出口退税

核销完成后，出口商再凭出口收汇核销单（第三联）、报关单（出口退税联）与商业发票前往国税局办理出口退税。

30. 议付后交单

押汇银行议付后，将押汇单据发送到国外开证银行，要求偿付押汇款。

31. 拨付货款

开证银行审单与信用证条款核对无误后，拨付押汇款（即承兑）给出口地银行。

32. 通知赎单

开证银行向进口商要求缴清货款。由于当初进口商在向开证银行申请开立信用证时，大部分的信用证金额尚未付清，而出口商已经在出口地押汇（抵押融资），所以开证银行通知进口商缴清余款，将押汇单据赎回。

33. 付款

进口商向开证银行缴清货款，同时需将之前领取的贸易进口付汇核销单交给银行审核。

34. 给付单据

进口商付款后，自开证银行取回所有单据（即出口商凭以押汇的文件）。

35. 到货通知

此时，货物已运抵进口国的目的港，船公司通知进口商来换取提货单。

36. 交提单，换取提货单

进口商向船公司缴交提单（B/L）换取提货单（Delivery Order；D/O）。尤其当进口商是在 FOB 术语下买入货物时，进口商唯有向船公司缴清运费及杂费，并用 B/L 跟船公司换取 D/O，才能向海关提出要求报关，表明进口商已获得船公司同意，可以提领货物。

37. 申请检验

进口商填写入境货物报检单（Application for Certificate of Import Inspection），并备齐提货单、商业发票、装箱单等文件向出入境检验检疫局申请进口检验。

38. 取得检验证明

检验机构经对商品检验合格后，签发入境货物通关单给进口商。

39. 报关

进口商备齐进口货物报关单、提货单、商业发票、装箱单、入境货物通关单、合同等文件，向海关投单报关。

40. 缴税

进口商向海关缴清各项税款，应纳税捐包括进口关税、增值税与消费税等。

41. 办理进口通关手续

海关审单通过，办理进口通关手续。

42. 提货

海关放行后，进口商即可至码头或货物存放地提领货物。

43. 付汇核销

最后，进口商还要凭进口付汇到货核销表、进口货物报关单及进口付汇核销单到外汇管理局办理付汇核销。

第二篇
浙科国际贸易进出口
模拟教学软件的操作

第四章　浙科国际贸易进出口模拟教学软件简介

第一节　认识浙科国际贸易进出口模拟教学软件

国际贸易具有线长、面广、环节多、难度大、变化快的特点。因此，凡从事国际贸易的人员，不仅必须掌握国际贸易的基本原理、知识和技能与方法，而且应学会分析和处理实际业务问题的能力，以确保社会经济效益的顺利实现。而近年来我国对外贸易发展速度很快，对高素质的外贸专业人员的需求越来越多。这样就要求必须采用合理的教学方法讲授专业知识，培养合格、优秀的外贸专业人才。

我国传统的教学方法主要以理论基础知识和技能的讲授为主，实训课程很少，而且实训课程开设的难度也较大，外贸专业人员的培养面临很大困难。如何丰富教学内容、创新教学方法、提升学生的学习热情和实习能力，从而培养出具有较高专业素质的外贸专业人员，是众多国际贸易专业院校面临的问题。

浙江航大科技开发有限公司于 2003 年开发了浙科国际贸易模拟教学软件，主要从业务操作、案例、单证练习等方面进行练习，以达到教学目的，在很大程度上解决了国贸学生学习难的问题。经过多年来的运用，该软件从全国各高校取得了宝贵的教学经验，浙江航大科技开发有限公司加以分析，在 2010 年对该软件开始了全面升级。新版本在内容方面的升级有单据更新、单据控制、合同单据的校验等；在功能方面的升级有增加交流中心、数据备份；在外观方面的升级有全面调整界面、嵌入更为美观的图片配合整个软件的风格。

新版浙科国际贸易进出口模拟教学软件主要包括业务操作、知识网站、在线考试、交流中心和课件下载等部分。业务操作主要从进口商、出口商、生产商、进口地银行、出口地银行和辅助员的相互配合、互相交易来达到实践教学的目的。每个班级、每个学生模拟其中一个角色，就形成了一个大商业环境，同学们可以在这个商业环境中各展所长，利用系统提供的资金做更多的业务，赚更多的钱。经过不断认真练习，可以学习到只有现实中才能学到的工作经验，也大大提高了学生的学习积极性。

第二节　浙科国际贸易进出口模拟教学软件的特点

浙科国际贸易进出口模拟教学软件有以下特点：

（1）系统注重外贸交易的流程性，根据成交方式与付款方式，将业务流程分为 CIF + L/C、CIF + D/A、CIF + D/P、CIF + T/T Before Shipment、CIF + T/T After Shipment、FOB + L/C、FOB + D/A、FOB + D/P、FOB + T/T Before Shipment、FOB + T/T After Shipment、CFR + L/C、CFR + D/A、CFR + D/P、CFR + T/T Before Shipment、CFR + T/T After Shipment 一共 15 个流程。

（2）系统按照外贸交易流程各步骤、涉及的角色，将学生分为进口商、出口商、生产商、进口地银行、出口地银行以及辅助员六大角色。其中辅助员将负责船公司、保险公司、商检局、外汇管理、海关、国税局的相关操作，协助进出口商顺利完成业务流程。各角色有对立的操作平台，业务关系相互联系，以逼真的现实环境为模版，相互协作完成交易流程。

（3）强大的国际贸易交易环境：各角色都可以进入共同的平台——"浙科模拟贸易平台"，学生建立自己的企业并在此发布采购/求购信息、寻找贸易伙伴、加入诚信企业、发布或查看商品广告等，且广告费用、产品展示费用系统都将根据教师的系统设置，从该企业的账户中扣除。集成了"浙科电子邮件系统"，各企业通过内置邮件系统取得联系。

（4）系统中的单证采用了外贸实际业务中规范的单证模板，使学生在缮制单证的同时有真实的处理业务的感受。同时，教师还可以设置单证填写的校验功能，学生须严格按照要求正确地填写单据，在保证实验质量同时也增加了实验难度，能使学生的单证和业务水平得到提高。详细的操作帮助和填写说明，将在学生的业务操作中起到辅导性作用。

（5）作为教学软件，教学测试是必不可少的项目。浙科国际贸易进出口模拟教学软件（实训平台）包含系统操作评分、教师主观评分、在线考试、实验报告、教师查看实验等功能，使教师可以全方位了解学生的学习状况和教学效果。

（6）此外，商友会论坛、FAQ 为师生提供了网络交流环境。教师可在电子公告中发布理论知识。软件中的"知识库"收录了大量专业文档，可供学生学习参考。

第五章 浙科国际贸易进出口 模拟教学软件的操作说明

浙科国际贸易进出口模拟教学软件可以让学生以进口商、出口商、生产商、进口地银行、出口地银行和辅助员这六大角色的身份来进行实训操作，达到教学目的。其中辅助员将负责船公司、保险公司、商检局、外汇管理、海关、国税局的相关操作，协助进出口商顺利完成业务流程。各角色有独立的操作平台，业务关系相互联系，以逼真的现实环境为模版，相互协作完成交易流程。

第一节 进口商的操作

一、进口商注册和登陆

1. 没有用户名的学生的注册和登陆

见图 5-1。

图 5-1 软件首页

授课教师课前没有为其指定用户名的学生可在首页面点"在线注册"。见图 5-2。

图 5-2　在线注册

在个人信息栏内输入正确的信息，再点击"确定"按钮。若该页面内信息填写不正确，点击"确定"按钮将无法进入贸易平台。另外，学生注册时选择的班级若是属于手动审核模式的，需经过教师审核通过后，才能使用该注册账号；若是选择的班级属于自动审核模式的，注册成功后就可直接使用该账号进入系统。

输入要求：

（1）单位名称：分别输入中、英文名称。

（2）单位代码、海关代码。

（3）税务登记号：10 位数字格式。

（4）电话、传真：7~11 位数字。

（5）邮编：6 位整数数字。

（6）网址：格式正确的网址。

（7）英文名称、英文地址：不能有中文。

（8）E-mail：格式正确的完整地址，如 jink@ zheke.com。

E-mail 申请方法：在用户注册信息填写页面内有 E-mail 申请链接，点击页面内的"申请"，进行邮箱申请。见图 5-3。

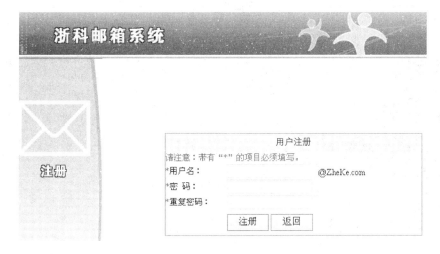

图 5-3　邮箱申请

在弹出的邮箱申请页面填写好邮箱基本资料，包括用户名、密码，然后点击"注册"按钮，系统验证无重复用户名后，弹出"注册成功"的提示框。若系统用户名已存在，或两次密码输入不一致，信息页面以红色字体显示错误信息。见图 5-4。

图 5-4　用户注册

所有注册信息填写正确无误后，点击"确定"按钮后，页面转入浙科国际贸易教学模拟平台。登录后就进入进口商的工作平台的业务办理界面。见图 5-5。

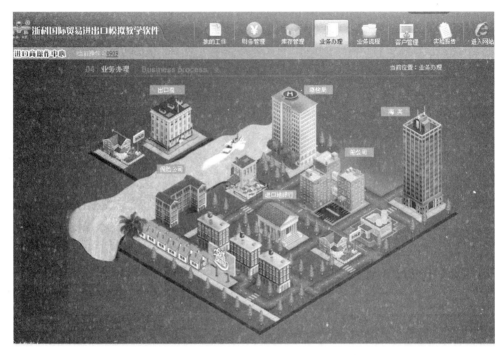

图 5-5　业务办理界面

2. 有用户名的学生的注册和登陆

若授课教师在实习前已经在系统平台中添加好将要进行实验的班级，并为班级中所有学生设定好用户名和密码（最好以学生的学号作为用户名），学生第一次登陆时，在登录页面内输入正确的用户名和密码，点击"登录"按钮进入系统，系统会弹出"注册信息不完整，请补充完整"的提示框。

点击提示框内的"确定"按钮，进入个人信息编辑页面，修改或者补充个人信息。信息编辑页面中，用户名和密码不能修改，真实姓名可修改。按要求完成其他信息的填写后，点击"确定"按钮，页面转入浙科国际贸易教学模拟平台。

进口商登陆模拟平台后有以下主要模块："我的工作""财务管理""库存管理""业务办理""业务流程""客户管理""实验报告""外贸网站"。在进口商操作中填写单据时，只要点击单据填写页面顶端的单据名称就可弹出单据填写帮助页面。

二、基本资料

登录到进口商的工作平台后，在页面左上方点击用户名，打开基本信息。见图 5-6。

图 5-6　进口商操作中心页面

除用户名称、用户角色、注册资金不能修改之外，其他信息可以修改，点击“修改”按钮进行提交保存。系统会弹出“修改成功”的提示框。

三、我的工作

进口商进入系统后，选择“我的工作”模块，可以看到“我的工作”模块中的子菜单，包括“进口核算”“合同管理”“合同记录”“信用证”“改证通知”“信用证申请书”“商品销售”。“我的工作”中有些功能也可以通过“业务办理”中的选项实现。

1. 进口核算

点击“我的工作”中的“进口核算”进入进口核算页面，显示需要进口核算以合同形式存在的每笔交易，包括交易对象的合同号、贸易术语、付款方式、签订日期。见图 5-7。

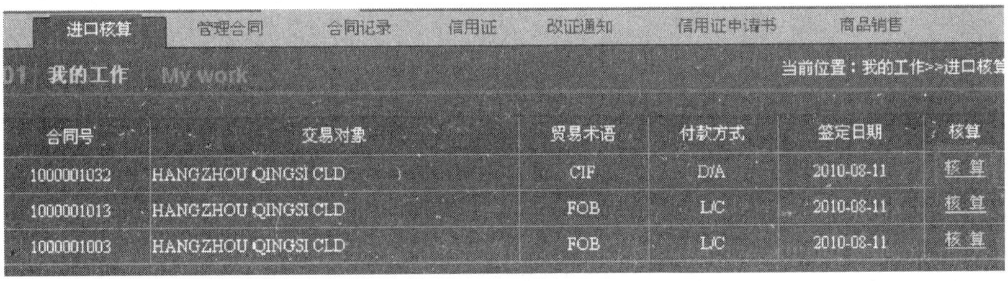

进口核算　管理合同　合同记录　信用证　改证通知　信用证申请书　商品销售

01 我的工作 My work　　当前位置：我的工作>>进口核算

合同号	交易对象	贸易术语	付款方式	签定日期	核算
1000001032	HANGZHOU QINGSI CLD	CIF	D/A	2010-08-11	核 算
1000001013	HANGZHOU QINGSI CLD	FOB	L/C	2010-08-11	核 算
1000001003	HANGZHOU QINGSI CLD	FOB	L/C	2010-08-11	核 算

图 5-7　进口核算页面

点击“核算”进入核算页面，进口商需先填写银行费用、运费、保险费、报检费、报关费、进口税、其他费用、利润，然后点击“确定”按钮进行保存提交。进口核算一经保存后不能再修改。

2. 合同管理

点击“我的工作”下的“管理合同”按钮进入合同管理页面，该页面中会显示进口商与出口商签订的所有未履约完成的合同。进口商点击合同号可以查看该履约中的合同的详细内容。见图 5-8。

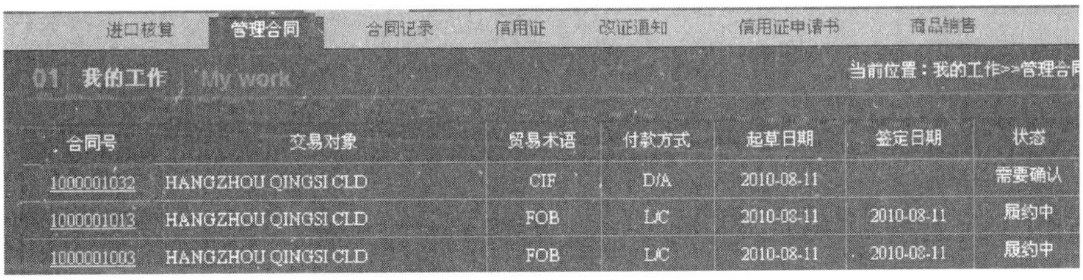

进口核算　管理合同　合同记录　信用证　改证通知　信用证申请书　商品销售

01 我的工作 My work　　当前位置：我的工作>>管理合同

合同号	交易对象	贸易术语	付款方式	起草日期	签定日期	状态
1000001032	HANGZHOU QINGSI CLD	CIF	D/A	2010-08-11		需要确认
1000001013	HANGZHOU QINGSI CLD	FOB	L/C	2010-08-11	2010-08-11	履约中
1000001003	HANGZHOU QINGSI CLD	FOB	L/C	2010-08-11	2010-08-11	履约中

图 5-8　合同管理页面

系统中的合同需要买卖双方确认，即由出口商起草并签字，再发送给进口商确认。进口商点击需要确认的合同号，打开后仔细查看合同内容。若合同内容需要修改，点击“修改”按钮，修改后点击“签字保存”并发送给出口商确认，等待出口商签署。出口商若同意修改，签署合同后，该合同进入履约阶段。若出口商继续修改，发送给进口商进行确认，经过磋商，在双方都签署后，合同方才进入“履约中”状态，履约中的合同不能修改。进口商可点击合同号进入查看合同内容。

3. 合同记录

点击"我的工作"中的"合同记录",进入合同记录页面。

该页面中记录了该进口商已经履行完成的合同,点击合同号可以查看该合同的详细内容。

4. 信用证

点击"我的工作"中的"信用证"按钮进入信用证管理页面,进口商根据开证申请书开立的信用证全部在此页面中列表显示,点击"查看"按钮可以查看信用证详细信息。见图5-9。

图5-9 信用证管理页面

5. 改证通知

信用证的修改由开证申请人即进口商提出,经开证行同意和受益人的同意才能生效。

6. 信用证申请书

点击"我的工作"中的"信用证申请书"按钮,进入信用证申请书列表,点击合同号可以查看到该信用证申请书的详细内容。见图5-10。

图5-10 信用证申请书列表

7. 商品销售

点击"我的工作"中的"商品销售"按钮进入库存管理页面,显示进口商需要出售的商品列表,点击"出售"按钮即可以出售该商品。

商品销售完成后,进口商的整个贸易流程结束。

四、财务管理

财务管理体现了进口商的财务状况,包括注册资金、当前资金的余额、商品折算、银行贷款以及实际的利润。通过财务管理,进口商可以对自己的财务状况一目了然,还可以根据其他费用与业务费用的分类查看自己的财务明细账,掌握每一笔款项的发生原因、出入、发生的金额、发生的日期。

五、库存管理

库存是指进口商收货成功后，商品会存放在"库存管理"中。待产品销售完毕后，该产品不再保存在库存中。库存管理能够实时地体现进口商的库存状况以及商品的详细资料。

六、业务办理

业务办理是模拟进口商办理进口业务的环境，涉及六个角色之间的业务：出口商、进口地银行、保险公司、船公司、商检局、海关。见图5-11。

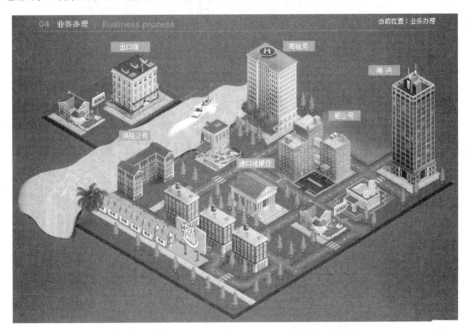

图 5-11　业务办理界面

1. 与出口商的业务

在模拟图中选择"出口商"图标，可显示与出口商进行的业务框，包括"签署合同""发送更改合同""收单"。见图5-12。

图 5-12　与出口商的业务页面

2. 与进口地银行的业务

在"业务办理"模拟图中选择"进口地银行"，进口商在"进口地银行"可进行的业务包括"申请信用证""通知改证""赎单""电汇""贷款""还贷""承兑"。根据业务需要,选择需要的业务进行办理。见图 5-13。

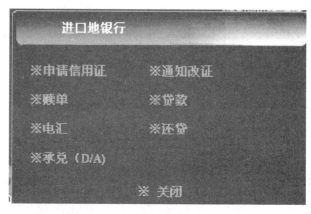

图 5-13　进口地银行的业务页面

3. 与保险公司的业务

在"保险公司"业务框内选择"投保",可显示所有需要投保的合同列表。进口商可在这里对每笔交易的外销合同进行投保。填写好后保存投保单后,若填写无误可点击"提交",将该保险单提交给进口地保险公司审核。

当货物遇险时,进口商可在"保险公司"业务框内选择"索赔",选择遇险的合同,填写索赔申请书,发送给保险公司处理。

4. 与船公司的业务

进口商与船公司的业务包括"租船订舱""换单""提货"。见图 5-14。

图 5-14　与船公司的业务页面

5. 与商检局的业务

在商检局业务框内选择"报检",进入需报检的合同列表。

选择合同填写入境报检单,填写后保存并提交进口地商检局审核。

6. 与海关的业务

进口商选择海关下的"报关",打开报关合同列表,点击合同后的操作"选择",弹出进口货物报关单。进口商填写报关单,保存后提交给进口地海关审核。

七、业务流程

业务流程可以让进口商了解合同的履约进展情况。点击"业务流程"按钮进入外销业务列表，该列表中显示的是已经签订在履约中和履行完成的外销合同。

在业务流程图中，该合同完整流程包括红色和灰色两部分，红色部分代表已经完成的业务流程，灰色部分为未完成的。流程图下，为该合同进口商角色的单据列表。由于不同合同的流程不同，部分单据由出口商填写。在单据列表中，可打开查看单据信息。

八、客户管理

进口商点击"客户管理"，一切与该进口商有过联系的客户都会被系统收录到客户列表中，分为机会和客户两类。点击某客户后的"查看"，可进入查看与该客户签定的所有合同信息。进口商可点击合同号进入查看合同内容，点击"返回"按钮返回客户列表页面。需要注意的是，在外贸网站中，用邮件联系过的贸易伙伴才能成为客户，而且必须通过广告页面或公司库中公司信息页中的"邮件联系"发邮件，不能直接在邮件系统中输入生产商地址发送。

九、实验报告

在操作菜单上选择"实验报告"，进入教师添加的实验安排列表。教师安排实验后，学生在此查看实验安排并上传实验报告。在列表中点击操作"查看实验安排"。在实验安排下，点击"浏览"按钮，选择已编辑好的文件，并输入报告名称，点击"上传"按钮，上传成功后教师端可进行批阅。

十、外贸网站

点击"进入网站"将进入模拟贸易平台。浙科国际贸易模拟教学软件中的模拟贸易平台为业务进行提供了一个大的贸易环境，也是业务操作的前提。进出口公司可以在这个贸易平台上发布自己的供求信息和网络广告，寻找适合自己的供求信息并通过邮件通进行询价报价；可以查看各公司的信息资料，查找出口核算和出口核算时所需要用到的费用清单；还可以阅读系统提供的帮助信息，以便更好地完成实验。见表5-1。

表 5-1　　　　　　　　　　　模拟贸易平台导航

商友会	商友会是以论坛的形式提供给教师与学生进行相互交流的平台，师生之间可以在这个平台上讨论问题、发表文章。
FAQ	学生查看学习教师发布的一些常见的问题以及解决办法。
后台管理系统	进出口商注册成为网站会员登录系统后，进入贸易平台的后台管理系统。该后台系统中包括供求信息、网络广告、修改资料、退出四个功能。
采购网	采购网是为想要采购商品的进口商提供的便捷通道。
销售网	销售网是为想要销售商品的出口商所提供的便捷通道。

表5-1（续）

广告管理	网络广告的作用主要是模拟商品的推广。网络广告发布后，将会在贸易网的首页滚动显示。
邮件通	邮件通其实是完整的内部邮件系统。它包含一般邮箱的全部功能，除收邮件、发邮件、回复、转发、存档等，还支持附件的发送，但是附件大小不能超过4M。
诚信企业	诚信企业是指已经在贸易网上注册过的进出口公司。这些公司所公布的资料准确、完整。资料的准确性是由系统自动检测的，可信度比较高。
商业机会	进口商、出口商和生产商发布的供求信息。
公司库	系统中，本班的进口商、出口商和生产商信息。
产品库	可供交易的商品基本信息。
费用查询	保险费、业务费、税则、国内外港口、城市查询。
银行	进出口银行基本信息。
知识库	外贸知识库。

第二节　出口商的操作

一、出口商注册和登陆

出口商的注册和进口商的注册类似。在登录页面输入正确用户名和密码后，登录到出口商操作平台。

出口商的主要模块包括"我的工作""财务管理""库存管理""业务办理""业务流程""客户管理""实验报告""外贸网站"。在出口商操作中填写单据时，只要点击单据填写页面顶端的单据名称就可弹出单据填写帮助页面。

二、基本资料

登录到出口商的工作平台后，在页面左上方点击用户名，打开基本信息。见图5-15。

图 5-15　出口商操作中心页面

除用户名称、用户角色、注册资金不能修改之外，其他信息可以修改。点击"修改"按钮进行修改后，提交保存。系统会弹出"修改成功"的提示框。

三、我的工作

出口商进入系统后，选择"我的工作"模块，可以看到"我的工作"模块中的子菜单，包括"外销合同""内销合同""信用证""出口核算""EDI 报关"。

1. 外销合同

先点击"我的工作"，再点击"外销合同"，选择"管理外销合同"，所示列表为未执行完成的合同列表。出口商在合同列表中点击"合同号"可打开查看合同。未发送的外销合同，出口商可进行修改、删除和发送。见图 5-16。

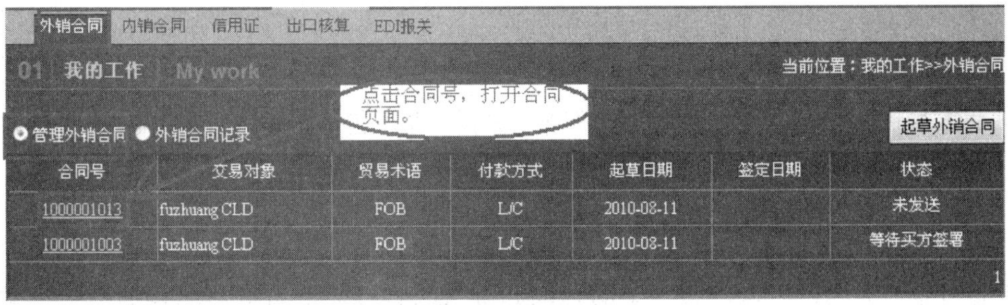

图 5-16　外销合同管理页面

在浙科国际贸易模拟教学系统中只设置为出口商起草外销合同。在外销合同列表上方点击"起草外销合同"按钮，弹出本系统的外销合同格式。按填写规范填写外销合同。（在外贸网站中，邮件联系过的进口商才能在外销合同中选择进口商，而且必须通过广告页面或通过公司库中进口商公司信息页中的"邮件联系"发邮件，不能直接在邮件系统中输入进口商地址发送。）完成外贸合同起草后，点击合同下方的"签字保存"按钮，弹出提示框"合同已保存"。合同保存后，在合同列表中增加一条合同信息。在合同页面，可对合同进行修改或删除操作。若填写无误，也可点击"发送"按钮，将该合同发送给进口商。

先点击"我的工作"，再点击"外销合同"，选择"外销合同记录"，可查看合同记录列表，列表包括"合同号""交易对象""贸易术语""付款方式""签署日期"。点击合同号，可查看该合同内容。出口商在这里可以查看以往交易成功或者是索赔成功后的所有合同，以便对自己的交易情况有直观的了解。

2. 内销合同

内销合同是出口商在所在地寻找出口商品的商品生产源，即寻找生产商。当出口商与进口商签订合同之后，需要在贸易平台上寻找供货商即生产商。与生产商协商之后，出口商需要起草内销合同。见图 5-17。

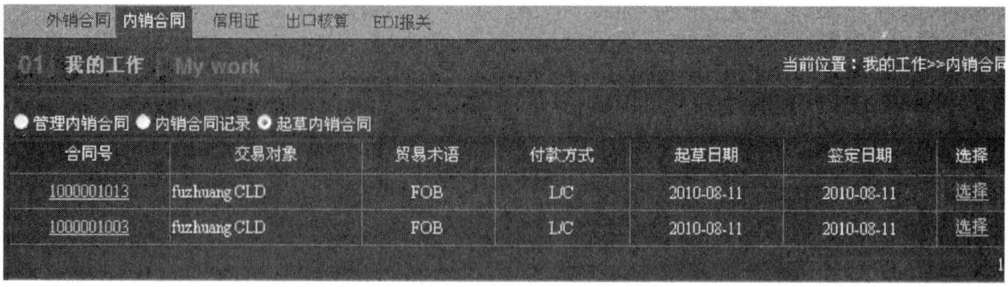

图 5-17　内销合同管理页面

选择"我的工作"菜单下的"内销合同",并选择"起草内销合同",会显示需要起草内销合同的外销合同列表（一份已签署的外销合同产生一份待起草的内销合同）。在列表中点击"选择",即选择起草该内销合同。(在外贸网站中,邮件联系过的生产商才能在内销合同中选择生产商,而且必须通过广告链接或通过公司库中生产商公司信息页中的"邮件联系"发邮件,不能直接在邮件系统中输入生产商地址发送。)

在"管理内销合同"页面中列出了出口商和生产商所签署的合同,包括出口商已经起草好但未发送的合同、履约中的合同和等待买方签署的合同。出口商点击内销合同的合同号就可以查看该合同的详细内容。对未发送的内销合同,出口商还可以进行修改,修改好后点击"发送"按钮,发送给生产商。成功后,系统会弹出"发送成功"的提示框,该合同状态变为"等待卖方签署"。

在"内销合同记录"页面可以查看以往交易成功的所有内销合同,以便对自己的交易情况有直观的了解。点击合同号可查看该合同的详情。已经完成的合同,出口商只有查看权限,不能进行删除或者修改等。

3. 信用证

先点击"我的工作",再点击"信用证",会出现"信用证通知书""管理信用证""修改信用证"。

点击"信用证通知书"可进入信用证通知书列表页面,在这里会列出之前以 L/C 付款方式交易的业务所收到的由银行发送的信用证通知书。点击信用证通知书号可以查看银行向该公司发送的信用证通知书详细内容。点击"领取通知书"按钮,领取进口商发来的信用证。

出口商在"信用证通知书"页面中领取信用证通知书后,需要在"管理信用证"中对照销售合同进行审核。点击信用证号弹出窗口可以查看发送的信用证。出口商仔细阅读信用证后,可根据需要对信用证进行审核。

在以 L/C 付款方式的交易中,如果出口商认为信用证需要修改,那么就要点"修改信用证",填写改证通知,再发送给进口商。

4. 出口预算

当外贸合同签署完成后,出口商可进行出口核算。点击"我的工作"菜单下的"出口核算",进入出口核算页面,显示交易合同。点击"核算"进行出口预算,页面转入到该合同的核算填写页面。需要注意的是:出口核算一经填写之后不能更改。

5. EDI 报关

在浙科模拟实验室采用 EDI 电子报关方式，出口商需先在"我的工作"下选择"EDI 报关"，进入需报关的业务列表；然后点击"EDI 报关"操作，填写出口报关单并保存；最后发送给海关。需要注意的是，在 EDI 报关前，需要备齐通关单、发票、装箱单等单据。

四、财务管理

选择菜单"财务管理"，显示区内会显示财务信息列表。

五、库存管理

选择"库存管理"菜单，查看库存状况。入库后的商品信息保存在库存管理中。

六、业务办理

业务办理是模拟出口商办理出口业务的环境，涉及九个角色：进口商、出口地银行、供应商、保险公司、货代公司、商检局、外汇管理局、海关、国税局。点击业务办理按钮，显示业务办理模拟图。

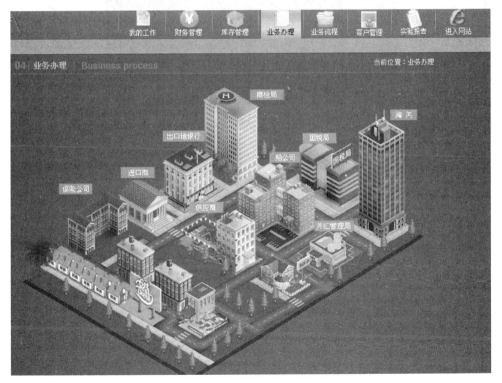

图 5-18　业务办理界面

1. 对进口商的业务

在模拟图中点击"进口商"图标，打开进口商业务框，包括"起草外销合同""发送外销合同""改证通知""寄单"。见图 5-19。

图 5-19　与进口商的业务页面

2. 对出口地银行的业务

在模拟图中点击"出口地银行"，展开出口地银行的业务框，包括"领取信用证""交单""结汇""贷款""还贷"。见图 5-20。

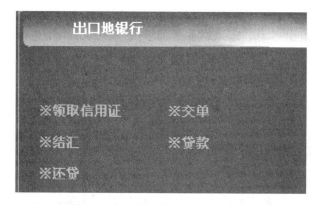

图 5-20　与出口地银行的业务页面

3. 与供应商的业务

在业务办理模拟图中点击"供应商"图标，展开供应商的业务，包括"起草内销合同""发送内销合同""收货"。见图 5-21。

图 5-21　与供应商的业务页面

4. 与保险公司的业务

在"保险公司"业务框内选择"投保"，进入需投保的合同列表。见图 5-22。

合同号	交易对象	贸易术语	付款方式	签定日期	操 作
1000001050	fuzhuang CLD	CIF	D/A	2010-08-12	选择
1000001032	fuzhuang CLD	CIF	D/A	2010-08-11	选择

图 5-22　与保险公司的业务页面

投保前应先订舱，在列表中选择已订舱的合同，点击操作"选择"，系统弹出保险单。出口商认真填写好保险单后，保存并提交给保险公司审核。

5. 与船公司的业务

选择船公司下的"租船订舱"业务，进入需要出口商订舱的业务列表。点击合同后的"选择"按钮，系统弹出集装箱货物托运单。出口商仔细填写货运委托单后，保存并提交给船公司审核。

在船公司业务框内选择"放货"，显示所有放货列表，点击票据齐全的合同后的"选择"，页面转入商品货物清单，包括货物名称、编号等。点击"放货"按钮，系统提示"放货成功"。

6. 与商检局的业务

在业务办理模拟图中选择"商检局"，打开出口商与商检局的业务框，包括"报检""一般产地证""惠普制产地证"。见图 5-23。

图 5-23　与商检局的业务页面

报检时需要提交合同、商业发票、装箱单等单据。

7. 与外汇管理局的业务

打开"外汇管理局"业务框，选择"备案"业务，页面显示该出口商所有需要备案的外销合同列表。合同备案需要准备的单据包括商业发票、报关单、装箱单和外销合同。若缺少其中一项，点击其合同后的"选择"，系统将提示："缺少票据：＊＊＊，将不能备案。"（实务中一般是到海关进行备案，浙科国际贸易模拟软件中需要在外汇管理局进行备案。）

结汇完成后，出口商在"外汇管理局"进行核销操作。在核销列表中，选择需要核销的合同，点击"选择"，打开核销单。在核销单上填写出口报关日期、报关单编号，点击提交，将核销单发送给外汇管理局审核。

8. 与海关的业务

在海关的业务框内选择"报关"，进入该出口商需要进行报关的外销合同。报关需要准备的单据包括通关单、商业发票、核销单等。若票据不完整，点击该合同后的操作"选择"，系统会弹出提示框"缺少单据：……不能报关。"票据完整的合同，点击其后的"选择"，弹出报关单页面后仔细填写。

9. 与国税局的业务

在"国税局"业务框中选择"退税"，进入退税合同页面。该页面会显示可以进行退税的合同，点击合同后的"选择"，弹出核销单，出口商直接点击其下方的发送按钮，系统弹出提示框："核销单发送成功。"确定或直接按回车键后返回退税合同列表，等待国税局审核退税。

七、业务流程

业务流程是让出口商了解合同的履约进展如何，点击"业务流程"按钮进入外销业务列表，该列表中显示的是已经签订的正在履约和履约完成的外销合同。见图5-24。

合同号	签定日期	买方	贸易术语	付款方式	状态	操作
1000001050	2010-08-12	fuzhuang CLD	CIF	D/A	履约中	选择
1000001032	2010-08-11	fuzhuang CLD	CIF	D/A	履约中	选择
1000001013	2010-08-11	fuzhuang CLD	FOB	L/C	履约完成	选择
1000001003	2010-08-11	fuzhuang CLD	FOB	L/C	履约中	选择

图5-24　业务流程页面

点击合同后的"选择"按钮可以查看该外销合同的履约流程和履约的步骤，并且可以查看相关单据内容。见图5-25，图5-26。

图 5-25　业务流程

图 5-26　单据列表

在业务流程图中，该合同完整流程包括红色和灰色两部分，红色部分代表已经完成的业务流程，灰色部分为未完成的。流程图下面是该合同在出口商角色下的单据列表，由于不同合同的流程不同，部分单据由进口商填写。在单据列表中，可打开查看单据信息。商业发票等票据在此打开填写并保存。

八、客户管理

一切与该出口商有过联系的进口商、出口商和生产商都会被系统收录到客户列表中，分成机会和客户两类。机会是指联系过但没有正式签署合同，不能成为正式客户的客户；客户是指已经有业务关系的客户。在外贸网站中，邮件联系过的贸易伙伴才能成为客户，而且必须通过广告页面或通过公司库中公司信息页中的"邮件联系"发邮件，不能直接在邮件系统中输入生产商地址发送。只有成为客户，才能在外销合同和内销合同中选择贸易伙伴。

九、实验报告

在操作菜单上选择"实验报告"，进入教师添加的实验安排列表。教师安排实验

后，学生可在此查看实验安排并上传实验报告。先在列表中点击操作"查看实验安排"，再点击"浏览"按钮，选择已编辑好的文件并输入报告名称，最后点击"上传"按钮，上传成功后教师端可进行批阅。

十、外贸网站

点击"进入网站"将进入模拟贸易平台。浙科国际贸易模拟教学软件中的模拟贸易平台为业务进行提供了一个大的贸易环境，是业务操作的前提。进出口公司可以在这个贸易平台上发布自己的供求信息和网络广告，寻找适合自己的供求信息并通过邮件通进行询价报价；可以查看各公司的信息资料，查找出口核算和出口核算时所需要用到的费用清单；还可以阅读系统提供的帮助信息，以便更好地完成实验。

第三节　生产商的操作

一、生产商注册和登陆

生产商的注册与进口商注册类似。在登录页面输入正确用户名和密码后，可登录到生产商操作平台。

生产商的主要模块包括"合同管理""查看市场""财务管理""组织生产""查看库存""邮箱""实验报告""外贸网站"。

二、基本资料

登录到生产商的工作平台后，点击页面上方的用户名，打开基本信息。见图5-27。

图5-27　生产商交易中心页面

除用户名称、用户角色、注册资金不能修改之外，其他信息可以修改，点击"修改"按钮进行修改后提交保存。系统会弹出"修改成功"的提示框。

三、合同管理

先点击"合同管理"，再点击"管理合同"，进入内销合同列表。

内销合同列表显示了生产商和出口商签署的内销合同，点击"合同号"可以查看内销合同的详细信息。若接受出口商的合同条款，可点击"签字"按钮对合同进行确认。若不同意，可点击"修改"，对合同进行修改，修改后点击"签字并保存"，保存成功后在合同下方点击"发送"按钮，将合同发送给出口商确认。

生产商在合同管理下点击"合同记录"可进入已完成交易的销售合同。点击合同号可查看该内销合同的内容。

四、查看市场

生产商选择"查看市场"模块，进入市场产品列表页面。在页面中可以查看到市场中进口商和出口商所发布的所有产品信息，包括产品名称、商品编码、销售单位、包装单位、毛重、净重、体积、成本价、类别。

五、财务管理

点击菜单区的"财务管理"按钮，进入财务查看页面。在页面中可以看到该生产商的注册资金、当前资金、商品折算、银行贷款以及当前的总利润，还有每笔交易的合同号、资金出入、出入金额、交易日期等信息。

当生产商资金不足或因其他原因需要向银行贷款时，可在"财务管理"下选择"贷款"，点击"申请贷款"按钮，页面即转入贷款申请页面。生产商与出口商一样，只能向出口地银行贷款。

点击"还贷"按钮进入还贷管理页面，会显示该生产商所有申请成功的贷款列表，包括银行、贷款金额、申请日期等，点击列表中款项后的"还贷"按钮可进入还贷页面。

六、组织生产

点击菜单区里的"组织生产"，可显示已经签订的内销合同和需要生产的内销合同列表。点击列表中的"组织生产"，页面即转入生产产品的信息页面。点击"生产"按钮确认，进行生产，系统弹出提示框"生产成功"。生产成功后可在"库存"中查看，还可在"发货"中将该货物发给出口商。

生产商先点击菜单区"组织生产"，再点击"发货"，页面会显示库存产品列表和发货操作。点击列表中的"放货"，系统弹出提示框"放货成功"。放货成功后，出口商可在工作平台下与供应商业务中进行收货操作。

七、查看库存

点击菜单区内的"查看库存"，进入库存页面，显示生产商的库存商品列表，即完成生产后还未发货的商品。库存商品在"发货"页面下可进行发货操作。

八、邮箱

点击"邮箱"即进入生产商的邮箱页面。

九、实验报告

在操作菜单上选择"实验报告"，进入教师添加的实验安排列表。教师安排实验

后，学生在此查看实验安排并上传实验报告。先在列表中点击操作"查看实验安排"，再点击"浏览"按钮，选择已编辑好的文件并输入报告名称，最后点击"上传"按钮，上传成功后教师端可进行批阅。

十、外贸网站

点击"进入网站"将进入模拟贸易平台。浙科国际贸易模拟教学软件中的模拟贸易平台是为业务进行提供一个大的贸易环境，也是业务操作的前提。进出口公司可以在这个贸易平台上发布自己的供求信息和网络广告，寻找适合自己的供求信息并通过邮件通进行询价报价；可以查看各公司的信息资料，查找出口核算和出口核算时所需要用到的费用清单；还可以阅读系统提供的帮助信息，以便更好地完成实验。

第四节 进口地银行的操作

一、进口地银行注册和登录

进口地银行的注册与进口商的注册类似。在登录页面输入正确进口商银行用户名和密码后，可登录到进口银行操作平台。见图 5-28。

图 5-28 进口地银行工作平台界面

银行工作平台包括"基本资料""货款管理""信用证申请书管理""信用证管理""单证管理""贷款""实验报告""外贸网站"。

二、基本资料

登录到进口银行工作平台后，点击页面上方的用户名，打开基本信息。见图 5-29。

图 5-29 进口银行交易中心页面

除用户名称、用户角色、注册资金不能修改之外，其他信息可以修改，点击"修改"按钮进行提交保存。系统会弹出"修改成功"的提示框。

三、货款管理

在 L/C 和 D/P 付款方式下的合同，进口商付款赎单后将货款打入进口地银行，进口地银行将单据交给进口商之后，再将收到的货款及时转账给出口地银行。转账款将在出口地银行的货款管理中显示。

四、信用证申请书管理

选择菜单区的"信用证申请书管理"，打开信用证申请书管理页面，会显示已经审核通过的信用证列表，包括申请人、接收人、申请日期、状态。点击信用证通知书后的"查看"，可进入查看该信用证通知书的详细内容。

五、信用证管理

信用证管理包括开证、发证、改证三个功能。

打开"信用证管理"下的"开证"，会显示需要操作的信用证列表，包括申请人、接收人、申请日期、操作（开证、审核）。

发证是将已经开证后未发送的信用证发送给出口地银行，点击信用证号可以查看该信用证的详细信息。

改证是应进口商的要求，对出口商觉得不妥的信用证进行修改，然后重新发证给出口地银行。

六、单证管理

出口地银行寄单后，进口地银行可先点击"单证管理"，再点击"收单"，进行收单操作。在列表中点击"选择"，打开单据页面。点击"审核单据"按钮，审核完成。然后点击"转账"按钮，完成转账，将货款金额转交给出口地银行。需要注意的是选择正确的出口地银行。

七、贷款

进口地银行只处理进口商的贷款申请和还款操作。

点击菜单区的"贷款"，打开贷款管理页面，可显示申请中的贷款列表，包括申请单位、申请人、账号、贷款金额、审贷日期等。点击列表中的操作"选择"，查看详细贷款信息，并点击页面上按钮"通过"，同意进口商的贷款申请。

在贷款管理页面内，点击"查看还款"按钮，页面即转入还款信息页面，显示所有已经通过的贷款列表，包括申请单位、申请人、账号、金额、已还金额、审贷日期等。

八、实验报告

在操作菜单上选择"实验报告"，进入教师添加的实验安排列表。教师安排实验

后，学生可在此查看实验安排并上传实验报告。先在列表中点击操作"查看实验安排"，再点击"浏览"按钮，选择已编辑好的文件并输入报告名称，最后点击"上传"按钮，上传成功后教师端可进行批阅。

九、外贸网站

点击"进入网站"将进入模拟贸易平台。浙科国际贸易模拟教学软件中的模拟贸易平台为业务进行提供了一个大的贸易环境，是业务操作的前提。进出口公司可以在这个贸易平台上发布自己的供求信息和网络广告，寻找适合自己的供求信息并通过邮件通进行询价报价；可以查看各公司的信息资料，查找出口核算和出口核算时所需要用到的费用清单；还可以阅读系统提供的帮助信息，以便更好地完成实验。

第五节　出口地银行的操作

一、出口地银行注册与登录

出口地银行的注册与进口商的注册类似。

在登录页面输入出口商银行账号和密码后，可登录到出口银行交易中心。见图5-30。

图 5-30　出口地银行交易中心页面

出口地银行的工作平台包括"基本资料""货款管理""信用证管理""单证管理""贷款""实验报告""外贸网站"。

二、基本资料

登录出口地银行工作平台，点击页面上方的用户名，打开基本信息页面。见图5-31。

图 5-31　出口银行交易中心页面

除用户名称、用户角色、注册资金和公司负责人无法更改之外，其他信息可以修改，点击"修改"按钮进行修改后提交保存即可。

三、货款管理

货款管理是管理从进口地银行转入的货款，等待出口商前来结汇。点击"货款管理"按钮，进入管理货款页面。点击"合同号"，可以查看该货款合同的详细信息。点击"付款"按钮，可将货款金额转给出口商。付款后，出口商可操作结汇。

四、信用证管理

信用证管理包括收证和通知两个功能。

选择"信用证管理"下的"收证"，进入收证页面，可显示未查看和已经发送的信用证列表，包括信用证号、开证行、开证日期、状态等。点击信用证号，可进入查看该信用证。点击信用证页面下的"发送通知"按钮，系统会弹出信用证通知单页面，出口地银行可填写信用证通知单。

出口地银行填写好该信用证通知单后，点击其下方的"保存"按钮，并点击"发送"，将其送给出口商。若保存后不发送，状态变为"通知未发送"。已发送的通知，在出口商收到前，状态为"通知已发送"；出口商收到后，该信用证项不再出现在信用证收证列表中。

信用管理中的"通知"列表中，可显示信用证号、相应合同号、接收人、通知时间、状态等。点击信用证号可进入查看该信用证。若通知还未发送，可点击信用证号进入发送通知。

五、单证管理

出口商交单以后，出口地银行在"单证管理"下选择"审核单据"，进入需要审核单据的合同列表。在列表中点击"选择"，进入审单页面。分别点击单据按钮，可打开查看单据信息。点击"审单"按钮，审核完成。

单据审核后，在"单证管理"下选择"寄单"，可将单证寄给进口地银行。

六、贷款

出口地银行的贷款功能只提供给出口商和生产商。点击菜单内的"贷款"按钮，可显示申请中的贷款申请列表。点击"选择"，查看贷款单位、贷款金额、贷款日期和理由。出口商银行在此可以对该贷款申请进行"通过"或"拒绝"操作。点击"通过"按钮，系统提示"贷款成功"，此后该项贷款会出现在贷款列表中。若点击"拒绝"按钮，系统提示"该贷款被拒绝"，此项贷款仍然在贷款列表中。在贷款申请者（出口商或生产商）的"贷款"列表中，此项被拒绝的贷款申请将一直处于"申请中"的状态，贷款申请者可删除此项贷款。删除后，出口地银行贷款列表中的该项贷款也会同时被删除。

点击"查看还款"按钮，可进入查看已经贷款成功的贷款列表，包括申请单位、申请人、账号、贷款金额、已还金额、审贷日期等。

七、实验报告

在操作菜单上选择"实验报告",进入教师添加的实验安排列表。教师安排实验后,学生可在此查看实验安排并上传实验报告。先在列表中点击操作"查看实验安排",再点击"浏览"按钮,选择已编辑好的文件并输入报告名称,最后点击"上传"按钮,上传成功后教师端可进行批阅。

八、外贸网站

点击"进入网站"将进入模拟贸易平台。浙科国际贸易模拟教学软件中的模拟贸易平台是为业务进行提供一个大的贸易环境,也是业务操作的前提。进出口公司可以在这个贸易平台上发布自己的供求信息和网络广告,寻找适合自己的供求信息并通过邮件通进行询价报价;可以查看各公司的信息资料,查找出口核算和出口核算时所需要用到的费用清单;还可以阅读系统提供的帮助信息,以便更好地完成实验。

第六节　辅助员的操作

一、辅助员的注册与登录

在浙科国际贸易教学平台软件中,保险公司、商检局、海关、外汇管理局、船公司、国税局等业务办理统一集中在辅助员中进行。

辅助员的注册与进口商的注册类似。系统中一个班级只能注册一个辅助员。

辅助员在系统登录界面中输入正确的用户名和密码,进入其操作页面。

见图 5-32。

图 5-32　辅助员操作页面

二、保险公司业务操作

在国际货物买卖业务中，保险是一个不可缺少的条件和环节，系统中分进口地保险公司和出口地保险公司两个角色。

进口地保险公司只受理进口商的投保申请。点击辅助端菜单区内"保险公司"下的子菜单"进口地保险公司"，即进入进口商保险单列表显示保险单号、投保单位、投保日期、审核状态。在列表中选中投保单号，点击列表下的"外销合同""商业发票"，可以查看该投保项相关的外销合同以及商业发票。审核保险单时，点击状态为"未审核"的投保后的操作"选择"，进入查看由进口商提交的保险单。输入核保人和经办人姓名后，点击"通过"按钮，系统弹出"审核通过"的提示框。进口保险业务即完成。

出口地保险公司只受理出口商的投保申请。点击辅助端左侧菜单区内"保险公司"下的子菜单中的"出口地保险公司"按钮可进入出口商保险单列表页面。

点击辅助端下的保险公司功能子菜单中的"保险理赔索赔"按钮，进入保险理赔列表，即显示向进口地保险公司申请理赔的所有公司的列表，可以看到发送理赔要求的投保单位合同号、保险号、投保日期、理赔状态等信息。任意选择一个投保单位后，分别点击"外销合同""商业发票""装箱单""保险单"按钮，可以查看到该公司与出口商签署的外销合同、商业发票、装箱单和该公司填写的保险理赔申请单。点击"理赔"按钮，进入处理保险理赔页面，其中是申请理赔公司所填写的保险理赔申请单。保险公司的辅助员详细阅读该保险理赔申请单后，可以酌情对该申请进行审核。点击"审核"按钮即通过该投保单位申请的保险理赔。

三、商检局业务操作

点击辅助端菜单区内"商检局"下的子菜单"进口地商检局"按钮，进入申请商检报检的合同列表。列表内容为：外销合同号、报检号、报检单位、制单日期、状态（审核通过/未审核）。点击未审核的商检号后的操作"选择"，会弹出新页面，打开进口商提交的入境货物报验单，可查看该报验单详细内容，包括外销合同、商业发票、装箱单后，输入计费人和收费人，点击"审核"按钮，审核成功进入入境货物通关单填写页面。在入境货物通关单内输入有效期、备注信息后，点击"确定"按钮，将该通关单发送给进口商。

出口商品在报验时，一般应提供外销合同、装箱单、商业发票、报检单。出口商提交了报检单以后，辅助员可在"出口地商检局"中进行审核。

点击辅助端菜单区"商检局"下的子菜单中的"出口地商检局"按钮，进入申请商检局报检列表，可以看到报检单位的合同号、报检号、制单日期、审核状态。选择列表中一条报检信息后，在列表下方分别点击"外销合同""商业发票""装箱单"按钮，可以查看该合同下的发票等单据。报检审核操作如下：在列表中点击"选择"操作，打开该合同的出境货物报检单，在报检单内输入计费人、收费人后，点击"审核"按钮，审核成功进入出境货物通关单填写页面。在出境货物通关单内输入有效期、备注信息后，点击"确定"按钮，将该通关单发送给出口商。

四、海关业务操作

选择辅助端菜单区内"海关"下的子菜单"进口地海关"，进入海关报关合同列表，显示合同号、报关号、报关单位、制单日期、状态。在报关合同列表中，任意选中某报关合同前的单选框，分别点击列表下方的按钮，可查看该外销合同的相关单据，包括外销合同、商业发票、装箱单、出口收汇核销单、普惠制产地证、一般产地证。点击合同后的"选择"，进入查看进口商提交的报关单。若该报关单已经通过审核，只能查看。对于未审核的报关单，填写征税情况后，点击"审核"按钮，系统会自动检验该报关申请人是否可通过审核。

选择辅助端菜单区内"海关"下的子菜单"出口地海关"，进入出口地海关报关合同列表，显示合同号、报关号、报关单位、制单日期、状态（审核通过/未审核）。在报关合同列表中，任意选中某报关合同前的单选框，分别点击列表下方的按钮，可查看该外销合同的相关单据，包括外销合同、商业发票、装箱单、出口收汇核销单、普惠制产地证、一般产地证。点击合同后的"选择"，进入查看出口商提交的报关单，填写征税情况后，点击"审核"按钮，完成出口报关审核。

五、外汇管理局业务操作

在出口商提交了核销单后，辅助员可在"外汇管理局"中进行核销审核操作。先选择核销的合同，点击"选择"，再打开核销单并点击"审核"，即完成核销业务。

六、船公司业务操作

选择辅助端菜单区的"船公司"下的"订舱处理"，进入订舱处理操作页面。该页面显示了出口商和进口商提交的订舱委托列表，内容包括外销合同号、订舱单位、订舱日期、状态（已/未发配舱回单）。点击已发配舱回单的订舱委托后的"选择"，系统会弹出新的页面，显示该订舱委托书。在本系统中，出口商与进口商的订舱委托书是相同的。若未发配舱回单，点击其后的"选择"进入查看订舱委托书（集装箱货物托运单），选择运费到付、待付或已付，点击委托书下方的"配舱回单"按钮，进入配舱回单页面，点击"确定"按钮，将配舱回单发给托运人。

选择"船公司"菜单下的子菜单"装船出运"，进入产品列表页面。在装船出运前必须发送提单，点击"发送提单"，系统弹出提单填写页面。系统根据托运单信息读取提单信息，点击提单下方的"提交"按钮，弹出提示框"提单发送成功"。提单发送后，点击该货物列表中的"装船出运"，系统提示"货物装船出运成功"，即完成出口出运业务。

进口商可凭提单等全套单据来船公司换取正本提货单。辅助员需在"船公司"业务菜单中选择"换单"，点击"选择"，打开正本提货单填写页面。辅助员填写正本提货单后，需将提货单发送给进口商。

七、国税局业务操作

点击辅助端菜单区的"国税局",进入退税操作页面,显示合同号、核销单编号、单位、制单日期等。选择某合同号前的单选框,点击列表下方按钮,可分别查看该合同的商业发票、报关单、出口收汇核销单。打开未退税的合同后并点击"退税",系统弹出提示框"该合同退税成功",即完成退税业务。

八、实验报告

在操作菜单上选择"实验报告",即进入教师添加的实验安排列表。教师安排实验后,学生可在此查看实验安排并上传实验报告。在列表中点击"查看实验安排",再点击"浏览"按钮,选择已编辑好的文件并输入报告名称,点击"上传"按钮,上传成功后教师端可进行批阅。

九、外贸网站

点击"进入网站"将进入模拟贸易平台。浙科国际贸易模拟教学软件中的模拟贸易平台为业务进行提供了一个大的贸易环境,是业务操作的前提。进出口公司可以在这个贸易平台上发布自己的供求信息和网络广告,寻找适合自己的供求信息并通过邮件通进行询价报价;可以查看各公司的信息资料,查找出口核算和出口核算时所需要用到的费用清单;还可以阅读系统提供的帮助信息,以便更好地完成实验。

第三篇
对外贸易模拟操作实训

对外贸易实务对从业人员的知识结构、基本素质和实践能力均提出了更高的要求，给传统课堂以讲授为主的教学模式和方法带来了严峻的挑战。为克服传统教学模式的弊端，适应迅速发展的外经贸事业对从业人员的要求，迫切需要改革传统的教学内容、教学模式、教学方式和教学手段。浙科国际贸易进出口模拟教学软件（实训平台）理论结合实际，以国际贸易实务流程为主线，通过仿真业务环境中的进出口模拟操作训练，使学生可以全面、系统、规范地掌握国际贸易的程序、环节、做法以及单证的缮制方法和函电的写作方法，在较短的时间内熟练掌握进出口业务的操作技能与技巧，为将来从事国际商务活动打下良好的实际操作基础。本篇将详细介绍浙科国际贸易进出口模拟教学软件（实训平台）的实训操作。

在进行实训之前，授课教师应该在教师端创建好班级，设置好系统环境参数，并添加好学生的用户名或者由学生自己注册（注意要选对班级）。可以由一名学生注册出口商、进口商、生产商、出口地银行、进口地银行和辅助员六种身份角色，并一人分饰六个角色进行模拟实训；也可以课前为全班学生指定具体的身份角色注册登录，并配合模拟实训。系统中只能注册一个辅助员。由于生产商、进口地银行、出口地银行和辅助员在实训中的操作不多而且较为简单，建议为大部分学生指定进口商或者出口商的身份，仅安排少数学生完成生产商、进口地银行、出口地银行和辅助员在实训中的操作，并且学生模拟的身份要定期轮换，以让学生对每种身份角色的操作都很熟悉。

实训按照流程的不同分为三部分：第一部分是以 FOB 成交的五种结算方式贸易流程，第二部分是以 CFR 成交的五种结算方式贸易流程，第三部分是以 CIF 成交的五种结算方式贸易流程。五种结算方式分别为：L/C（信用证）、D/A（承兑交单）、D/P（付款交单）、T/T Before Shipment（电汇，预付百分之多少，出货前必须全款收回）、T/T After Shipment（电汇，先预付一定比率或者不预付，然后在出货 N 天后客人付款）。本篇将分三章详细介绍对外贸易模拟实训的操作。

第六章　FOB 成交方式的实训

第一节　L/C（信用证）结算方式的实训

一、实训目的

（1）熟悉 FOB 下信用证结算的操作流程。

（2）掌握流程中合同、单据的正确缮制方法。

二、实训步骤

根据"业务流程"中的流程图显示的步骤进行实训，每完成一项操作，流程图中该项方块图即变成红色。见图 6-1。

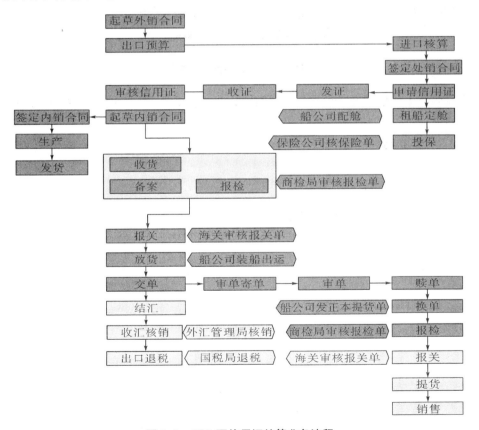

图 6-1　FOB 下信用证结算业务流程

注意：申请产地证和填写发票、汇票、装箱单等单据的步骤在流程图中没有体现，备案和报检前需要完成发票和装箱单的填写，交单前需要申请产地证和填写汇票。进口商赎单后，货款的流转过程也没有在流程图中体现。进口商赎单后，货款在进口地银行处，需要进口地银行把货款汇到出口地银行，出口地银行付款给出口商后，出口商才能结汇。

1. 出口商登录、发布供求信息和网络广告

首先登录出口商身份，进入工作平台，在工作平台点击"进入网站"，进入外贸网站，在外贸网站注册并登录。见图6-2。

图6-2　出口商登录平台

出口商登录外贸网站的后台后，可发布供求信息和添加广告。见图6-3，图6-4。

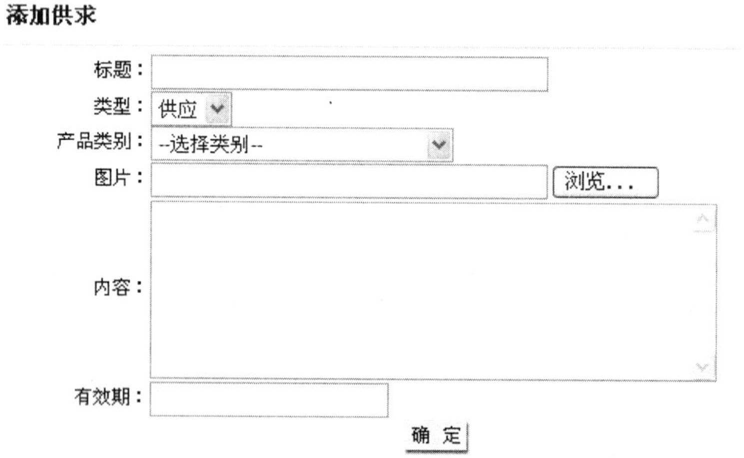

添加供求

标题：

类型：供应

产品类别：--选择类别--

图片：　　　　　　　　　　　　　　　　浏览...

内容：

有效期：

确　定

图6-3　添加供求

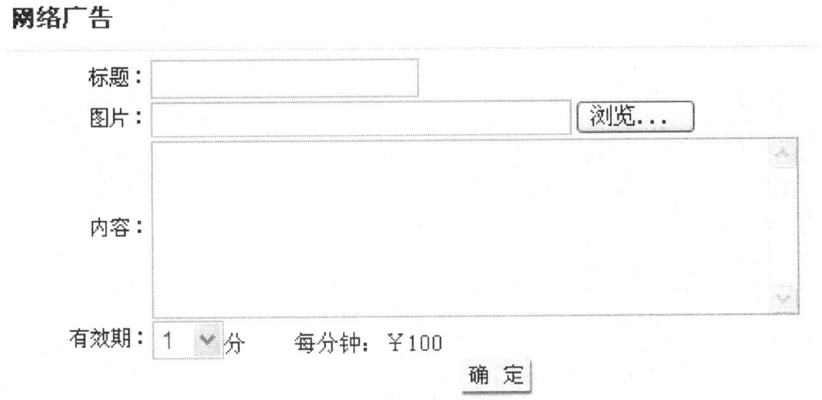

网络广告

标题：_____

图片：_____ 浏览...

内容：

有效期：1 ▼ 分　每分钟：￥100

确　定

图6-4　发表网络广告

2. 进口商登录、发布供求信息和网络广告

同出口商一样，进口商登录进入工作平台后点击"进入网站"，进入外贸网站，在外贸网站注册并登录后台管理，即可发布供求信息和网络广告。

3. 出口商和进口商间的询盘、发盘、还盘和接受

出口商（或进口商）登录，进入外贸网站，浏览供求信息或者网络广告，找到并查看感兴趣的供求信息或网络广告。在信息页面最底端点击"邮件联系"，就会弹出邮箱系统，在邮箱系统右侧双击公司名称后，收件人一栏就会出现该公司地址。编辑主题和内容，发送一封询盘邮件。收到询盘邮件的一方登录后会看到邮件的滚动提示，查看询盘邮件后回复一份发盘邮件。然后双方可以进行还盘和复还盘，直至最后有一方接受，这时出口商就可以起草外销合同了。

4. 出口商起草外销合同

登录出口商身份，点击"业务办理"中的"进口商"，起草外销合同（发邮件给进口商后，在外销合同填写页面才能选择进口商），合同中付款方式选择FOB、L/C。

填好合同内容后，保存并发送给进口商签订。进口商若对合同有异议，可修订合同，发还给出口商核对，然后再签订。

5. 进口商签署外销合同

登录进口商身份，点击"业务办理"中的"出口商"，签署合同。进口商若对合同有异议，也可修订后签署。见图6-5。

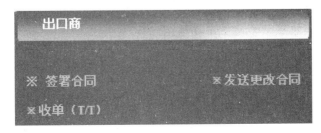

图6-5　签署合同

6. 出口预算

登录出口商身份，点击“我的工作”，进行出口预算。见图 6-6。

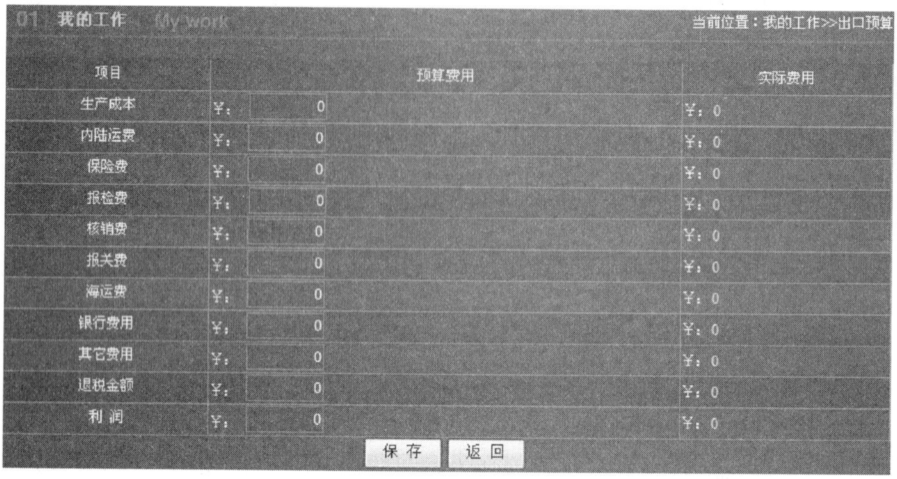

01 我的工作 My work 当前位置：我的工作>>出口预算

项目	预算费用	实际费用
生产成本	￥：0	￥：0
内陆运费	￥：0	￥：0
保险费	￥：0	￥：0
报检费	￥：0	￥：0
核销费	￥：0	￥：0
报关费	￥：0	￥：0
海运费	￥：0	￥：0
银行费用	￥：0	￥：0
其它费用	￥：0	￥：0
退税金额	￥：0	￥：0
利 润	￥：0	￥：0

保 存 返 回

图 6-6 出口预算

7. 进口核算

登录进口商身份，点击“我的工作”，进行进口核算。见图 6-7。

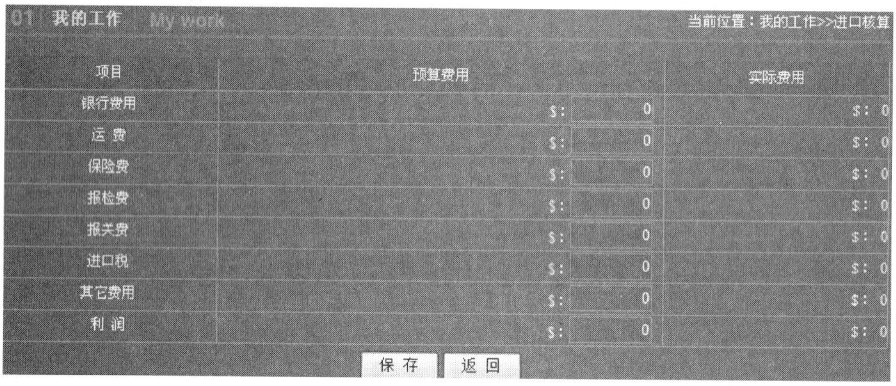

01 我的工作 My work 当前位置：我的工作>>进口核算

项目	预算费用	实际费用
银行费用	$：0	$：0
运 费	$：0	$：0
保险费	$：0	$：0
报检费	$：0	$：0
报关费	$：0	$：0
进口税	$：0	$：0
其它费用	$：0	$：0
利 润	$：0	$：0

保 存 返 回

图 6-7 进口核算

8. 进口商申请信用证

进口商在外销合同签订后，就可以进行信用证申请。在工作平台的“业务办理”中，点击进口地银行下的子菜单“申请信用证”，在显示区中选择该合同，并填写信用证申请书，提交到进口地银行。见图 6-8。

IRREVOCABLE DOCUMENTARY CREDIT APPLICATION

TO： HUA XIA BANK CO. , LTD.　　　　　　　　　　　　　　　　L/C No.

Date: Jul.21., 2004

Applicant ZHEJIANG ALISON IMP. & EXP. CO., LTD. C-719,WORLD TRADE CENTRE OFFICE BUILDING 122 SHUGUANG ROAD, HANGZHOU,310007 CHINA Tel: 0086-571-87631686 Fax: 0086-571- 87950611		Beneficiary(full neame, address and tel etc.) SAMSUNG CORPORATION SAMSUNG-PLAZA BUILDING 263, SEOHYEON-DONG, BUNDANG-GU, SEONGNAM. GYEONGGI-DO, KOREA 463-721 TEL: 82-2-2145-2500　FAX: 82-2-2145-2596
Partial shipments (X) allowed ( )not allowed	Transhipment (X)allowed ( ) not allowed	issued by (X) teletransmission ( )express delivery
Loading on board/dispatch/ taking in charge at/from ANY TAIWAN PORT Not later than AUG.10., 2004 For transportation to SHANGHAI. CHINA		Contract No.: SMST/24116 Credit Amount (both in figures and words): USD374,694.00 US DOLLARS THREE HUNDRED SEVENTY FOUR THOUSAND SIX HUNDRED AND NINTY FOUR ONLY. Trade Term: ( )FOB (X) CFR ( ) CIF
Description of goods: SEE ATTACHMENT		Date and place of expiry: Aug.30., 2004 CHINA
		Credit available with ( ) by sight payment (X) by acceptance ( ) by negotiation

图 6-8　信用证申请书（局部）

9. 进口地银行发证

进口地银行登录后，审核信用证申请书（一般都通过，如果不通过，就需要进口商修改申请书后重新发送），然后填写信用证。信用证填好后，选择出口地银行，将信用证发送给通知行，即出口地银行。见图 6-9。

图 6-9　进口地银行发证

10. 出口地银行收证

出口地银行登录交易中心后，在菜单区的信用证管理下选择子菜单"收证"，选择未查看的信用证，发送通知单，进行信用证通知单填写。填写完毕后，保存并发送给出口商。见图 6-10。

图 6-10 出口地银行收证

11. 出口商领取信用证并审核

出口商在交易中心的业务办理中，选择进口地银行菜单下的"领取信用证"，打开信用证新到通知页面，领取信用证并审核。见图 6-11。

图 6-11 出口商领取信用证并审核

12. 出口商起草内销合同

外销合同签订后，出口商就要进行出口货物的准备，寻找生产商生产所要出口的商品。

出口商可以在贸易平台的公司库中搜索生产商企业，查看其公司资料，在生产商信息页面最底端点击"邮件联系"，以邮件的方式进行询价，对所要生产的商品价格进行洽谈。双方满意后，出口商起草内销合同发送给生产商进行签署。当然出口商也可以同时向多个生产商进行询价，从中比较价格高低，从而降低生产成本。

出口商起草内销合同，填写完毕（发邮件给生产商后，在内销合同填写页面才能选择生产商）后，保存并签字，发送给生产商确认。见图 6-12。

销 售 合 同

编号：No _____

日期：Date _____

需方：_____（以下简称甲方）

供方：_____（以下简称乙方）

为维护甲乙双方的合法权益，根据国家有关法律法规，本着互惠互利、共同发展的原则，经双方友好协商，签定本合同，详情如下：

一、乙方向甲方购买下列产品					
1.货号	2.品名及规格	3.数量	4.计量单位	5.单价(¥)	6.金额(¥)

合计：¥ _____　　　合计人民币（大写）¥：_____

二、产品包装规格：

三、产品的质量要求和技术标准：

四、交货规定
1．交货期限：
2．交货地点：
3供方必须根据需方的书面通知将货物在需方规定的期限内交至需方指定地点。若供方在无需方书面通知的情况下擅自将货物放入非需方指定地点，则需方有权拒收货物。

五、验收：

六、货款结算方式：
1．甲乙双方之间发生的本合同项下的一切价款、费用均以人民币结算及支付。

图 6-12　销售合同（局部）

13. 生产商签订内销合同

生产商可在内销合同下方的"签字"页面签署内销合同。若有异议，可点击"修改"按钮，修改后签字发送给出口商确认。等双方协商好并都签字后，内销合同进入履约阶段。

生产商同意并签署合同后，内销合同签订成功，出口商可以等待收货。

14. 生产商进行生产和发货

内销合同签署后，生产商点击"组织生产"并发货给出口商。见图 6-13。

图 6-13　生产商进行生产和发货

15. 出口商收货

出口商在"业务办理"中找到"供应商"进行"收货"。收货的同时也要支付货款。如果没有足够的资金，可到银行贷款，然后收货；否则将不能收货。见图6-14。

图 6-14　出口商收货

16. 进口商租船订舱、船公司配舱

进口商在出口商备货的同时可以在"业务办理"中找到"船公司"，填写"货物出运委托书"后提交给船公司。然后登录辅助员身份，由船公司进行订舱，完成配舱业务。见图6-15。

集装箱货物托运单

Shipper (发货人)			D/R No. (编号)		
Consignee (受货人)				集装箱货物托运单	
Notify Party (通知人)					
Pre-carriage by (前程运输)　Place of Receipt(收货地点)					
Ocean Vessel(船名) Voy No.(航次) Port of Loading(装货港)					
Port of Discharge (卸货港)　Place of Delivery (交货地点)　Final Destination (目的地)					
Container No (集装箱号)	Seal No. (封志号)Marks & No. (标记与号码)	No. of containers Or P'kgs. (箱数或件数)	Kind of Packages; Description of Goods(包装种类与货名)	Gross Weight (毛重/千克)	Measurement (尺码/立方米)
Total Number of containers or Packages (IN WORDS)集装箱数或件数合计（大写）					
Freight & Charges (运费与附加费)		Revenue Tons (运费吨)	Rate(运费率)	Per (每)	Prepaid (运费预付)　Collect (到付)
Ex Tate	Prepaid at (预付地点)		Payable at (到付地点)		Place of Issue (签发地点)

图 6-15　集装箱货物托运单（局部）

17. 进口商投保、保险公司审核

进口商在"业务办理"的"保险公司"处填写保单发给保险公司，然后登录辅助员身份，由"保险公司"中的"进口地保险公司"审核保险。见图6-16。

图 6-16　保险公司审核

18. 出口商备案、外汇管理局审核

备案时，需要准备的票据包括外销合同、装箱单、商业发票。装箱单和商业发票在"业务流程"图下方，点击相关单据填制并保存提交。见图 6-17。

图 6-17　单据列表

出口商到"外汇管理局"领取并填写核销单，填写好收汇核销单后保存（实务中是到外汇管理局领取核销单，到海关备案；系统中要求到外汇管理局备案）。登录辅助员身份，在菜单区选择"外汇管理局"，找到待审核业务进行审核，完成备案。见图 6-18。

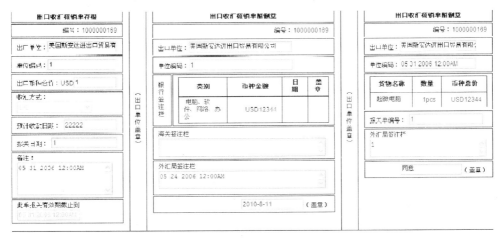

图 6-18　出口收汇核销

19. 出口商申请产地证、报检、出口商检审核并发放通关单

登录出口商平台，在"业务办理"页面点击"商检局"，在弹出的页面上选择"一般产地证"或者"普惠制产地证"进行产地证申请。然后在工作平台的"业务办理"中找到商检局填写好出口报检单并提交等待出口地商检局审核。最后登录辅助员身份，在菜单区选择"出口地商检局"，打开出境货物报验单，点击"审核"按钮，完成审核，在弹出的窗口中发放通关单。

报检时，需要准备的票据包括外销合同、装箱单、商业发票。装箱单和商业发票在"业务流程"图下方，点击相关单据填制并保存提交。见图6-19。

图6-19　单据列表

20. 出口商报关、出口海关审核报关单

出口商在"业务办理"中点击"海关"，选择"报关"，填写出口货物报关单，提交给出口海关审核。

注意：出口商在报关前需要到"外汇管理局"领取并填写核销单。

登录辅助员身份，先打开"海关"，再点击"出口地海关"，审核报关单后放行。

21. 出口商放货、船公司发送提单、装船出运

出口报关通过后，出口商可进行放货操作。选择"船公司"下的"放货"，在目前的库存列表中选择商品放货。

登录辅助员身份，由船公司操作"发送提单"和"装船出运"，完成货物运输。

22. 出口商交单

出口货物装运之后，出口方应按合同或信用证要求，正确缮制各种单证，并在信用证规定的有效时间内，送交银行议付和结汇，从而完成一笔有效的出口任务。出口商应到"业务办理"中的"出口地银行"处进行交单。

交单时，需要准备汇票、提单、商业发票、装箱单、产地证。可以在"业务流程"图下方点击相关单据填制并保存提交。产地证在商检局处申请。注意：交单时需要在下拉列表中选择正确的交单银行。

23. 出口地银行审单、寄单

出口商交单后，登录出口地银行身份，在"单据管理"中进行审核，审核后操作"寄单"，单据将寄给进口地银行，等待进口地银行进行审单。注意：寄单时需要在下拉列表中选择正确的进口地银行。见图6-20。

图6-20　单据审核

24. 进口地银行收单、审单、汇款

进口地银行在单证管理下选择“收单”，审核单据后，系统将弹出转账页面，选择正确的出口地银行，将本次交易金额汇到出口地银行。见图 6-21。

货款管理
信用证申请书管理
信用证管理
单证管理
货 款
收单
审核单据

图 6-21　收单

25. 出口地银行支付货款

出口地银行在货款管理中，查看未付款项，点击合同号进入，并将货款转入出口商账户。

26. 出口商结汇

出口商在“业务办理”中的“出口地银行”菜单下选择“结汇”，完成结汇。见图 6-22。

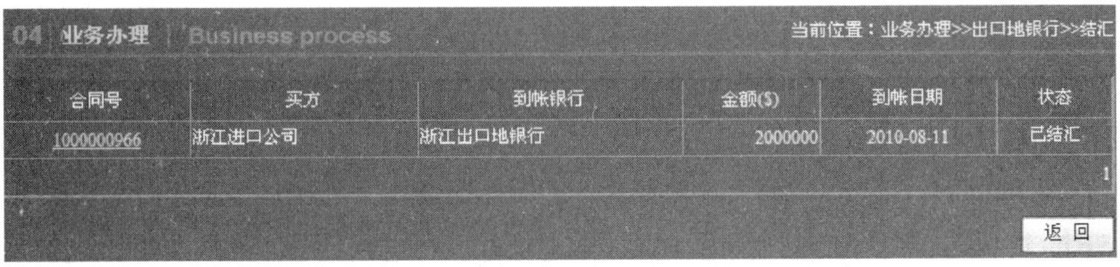

04 业务办理 Business process
当前位置：业务办理>>出口地银行>>结汇
合同号
买方
到帐银行
金额($)
到帐日期
状态
1000000966
浙江进口公司
浙江出口地银行
2000000
2010-08-11
已结汇
1
返 回

图 6-22　结汇

27. 出口商申请收汇核销、外汇管理局核销

出口商到外汇管理局发送核销单，然后由辅助员菜单下的外汇管理局进行审核、核销。见图 6-23。

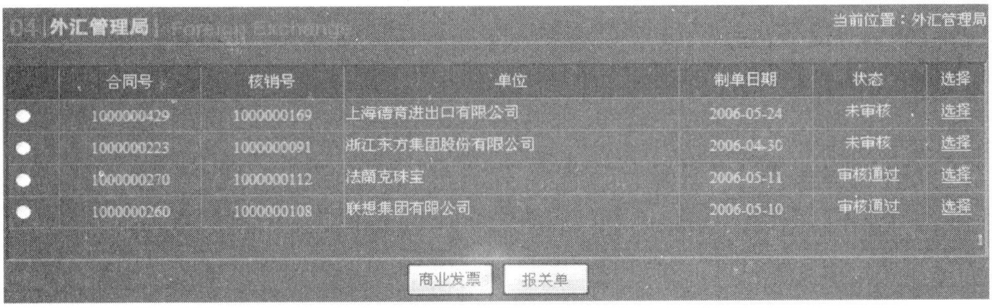

04 外汇管理局 Foreign Exchange
当前位置：外汇管理局
合同号
核销号
单位
制单日期
状态
选择
1000000429
1000000169
上海德商进出口有限公司
2006-05-24
未审核
选择
1000000223
1000000091
浙江东方集团股份有限公司
2006-04-30
未审核
选择
1000000270
1000000112
法蘭克珠宝
2006-05-11
审核通过
选择
1000000260
1000000108
联想集团有限公司
2006-05-10
审核通过
选择
1
商业发票
报关单

图 6-23　审核、核销

28. 出口商申请出口退税、国税局退税

出口商到国税局进行退税，然后由辅助员菜单下的国税局进行审核、退税。至此，出口商端的业务流程完成。

29. 进口商赎单

进口地银行审单通过后，进口商便可以赎单。进口商在在“业务办理”中找到

"进口地银行"选择"赎单"来完成赎单。若进口商账户余额不足,则无法完成赎单。见图6-24。

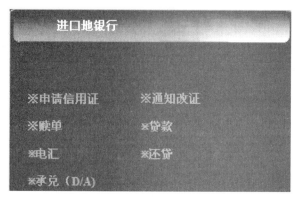

图6-24 赎单

30. 进口商换单、船公司发放正本提货单

进口商到船公司点击"换单"换取正本提货单。然后登录辅助员身份,在菜单下的船公司处审核提单,并填写发放正本提货单。见图6-25。

图6-25 换单

31. 进口报检、商检局审核进口报检单

进口商选择商检局,填写入境报检单后,保存提交,等待进口地商检局审核。登录辅助员身份,在进口地商检局处打开该报检单,完成审核,填写入境通关单,并确定发放。

32. 进口报关、海关审核进口报关单

进口商到进口地海关选择报关,填写入境报关单,填好后提交给进口地海关。登录辅助员身份,在进口地海关处审核报关单,放行。

33. 提货

进口商报关通过后,便可以进行提货。进口商点击"业务办理"中的"船公司"完成提货。

34. 销售

进口商提货后,商品存放在"库存管理"中。进口商点击"我的工作",在"商品销售"中选择商品,完成销售。销售金额将自动增加到进口商账户,进口商可以在财务管理中查看本笔贸易的盈利状况。至此,进口商端的业务流程完成。

第二节　D/A（承兑交单）结算方式的实训

一、实训目的

（1）熟悉 FOB 下承兑交单的实训操作流程。

（2）掌握流程中合同、单据的正确缮制方法。

二、实训步骤

根据"业务流程"中的流程图的提示进行试验，每完成一项操作，流程图中该项方块图即变成红色。

注意：申请产地证和填写发票、汇票、装箱单等单据的步骤在流程图中没有体现，备案和报检前需要完成发票和装箱单的填写，交单前需要申请产地证和填写汇票。进口商承兑领单后货款的流转过程也没有在流程图中体现，进口商承兑领单后还没有支付货款，在承兑期限到后，进口商需要把货款汇到出口地银行。出口地银行付款给出口商后，出口商才能结汇。见图 6-26。

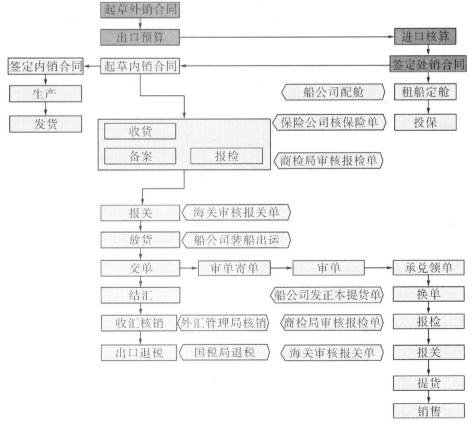

图 6-26　FOB 下承兑交单结算业务流程

1. 出口商登录、发布供求信息和网络广告

首先登录出口商身份，进入工作平台，在工作平台点击"进入网站"，进入外贸网站，在外贸网站注册并登录。

出口商登录外贸网站的后台后，即可发布供求信息和添加广告。

2. 进口商登录、发布供求信息和网络广告

同出口商一样，进口商登录进入工作平台后，点击"进入网站"即进入外贸网站，在外贸网站注册并登录后台管理，即可发布供求信息和网络广告。

3. 出口商和进口商间的询盘、发盘、还盘和接受

出口商（或进口商）登录，进入外贸网站，浏览供求信息或者网络广告，找到并查看感兴趣的供求信息或网络广告。在信息页面最底端点击"邮件联系"，就会弹出邮箱系统，在邮箱系统右侧双击公司名称后，收件人一栏就会出现该公司地址。编辑主题和内容，发送一封询盘邮件。收到询盘邮件的一方登录后会看到邮件的滚动提示，查看询盘邮件后回复一份发盘邮件。然后双方可以进行还盘和复还盘，直至最后有一方接受，这时出口商就可以起草外销合同了。

4. 出口商起草外销合同

登录出口商角色，点击"业务办理"中的"进口商"，起草外销合同（发邮件给进口商后，在外销合同填写页面才能选择进口商），合同中的付款方式选择 FOB、L/C。

填好合同内容后，保存并发送给进口商签订。进口商若对合同有异议，可修订合同，发还给出口商核对，双方认可后再签订。

5. 进口商签署外销合同

登录进口商身份，点击"业务办理"中的"出口商"，签署合同。进口商若对合同有异议，也可修订后签署。

6. 出口预算

登录出口商身份，点击"我的工作"，进行出口预算。

7. 进口核算

登录进口商身份，点击"我的工作"，进行进口核算。

8. 出口商起草内销合同

外销合同签订后，出口商就要进行出口货物的准备，寻找生产商生产所要出口的商品。

出口商可以在贸易平台的公司库中搜索生产商企业，查看其公司资料，在生产商信息页面最底端点击"邮件联系"，以邮件的方式进行询价，对所要生产的商品价格进行洽谈。双方满意后，出口商起草内销合同发送给生产商进行签署。当然，出口商也可以同时向多个生产商进行询价，从中比较价格高低，从而降低生产成本。

出口商起草内销合同，填写完毕（发邮件给生产商后，在内销合同填写页面才能选择生产商）后保存并签字，发送给生产商确认。

9. 生产商签订内销合同

生产商可在内销合同下方的"签字"页面签署内销合同。若有异议，可点击"修

改"按钮，修改后签字发送给出口商确认。等双方协商好并都签字后，内销合同进入履约阶段。

生产商同意并签署合同后，内销合同签订成功，出口商可以等待收货。

10. 生产商进行生产和发货

内销合同签署后，生产商点击"组织生产"并发货给出口商。

11. 出口商收货

出口商在"业务办理"中找到"供应商"进行"收货"。收货的同时也要支付货款。如果没有足够的资金，可到银行贷款，然后收货；否则将不能收货。

12. 进口商租船订舱、船公司配舱

进口商在出口商备货的同时可以在"业务办理"中找到"船公司"，填写"货物出运委托书"后提交给船公司。然后登录辅助员身份，由船公司进行订舱，完成配舱业务。

13. 进口商投保、保险公司审核

进口商在"业务办理"的"保险公司"处填写保单发给保险公司，然后登录辅助员角色，由"保险公司"中的"进口地保险公司"审核保险。

14. 出口商申请产地证、报检、出口商检审核并发放通关单

登录出口商平台，在"业务办理"页面点击"商检局"，在弹出的页面上选择"一般产地证"或者"普惠制产地证"进行产地证申请。然后在工作平台的"业务办理"中找到商检局，填写好出口报检单并提交等待出口地商检局审核。最后登录辅助员角色，在菜单区选择"出口地商检局"，打开出境货物报验单，点击"审核"按钮，完成审核，在弹出的窗口中发放通关单。

报检时，需要准备的票据包括外销合同、装箱单、商业发票。装箱单和商业发票在"业务流程"图下方，点击相关单据填制并保存提交即可。

15. 出口商备案、外汇管理局审核

备案时，需要准备的票据包括外销合同、装箱单、商业发票。装箱单和商业发票在"业务流程"图下方，点击相关单据填制并保存提交即可。

出口商到"外汇管理局"领取并填写核销单，填写好收汇核销单后保存（实务中是到外汇管理局领取核销单，到海关备案；系统中要求到外汇管理局备案）。登录辅助员角色，在菜单区选择"外汇管理局"，找到待审核业务进行审核，完成备案。

16. 出口商报关、出口海关审核报关单

出口商在"业务办理"中点击"海关"，选择"报关"，填写出口货物报关单，提交给出口海关审核。注意：出口商在报关前需要到"外汇管理局"领取并填写核销单。

登录辅助员身份，先打开"海关"，再点击"出口地海关"，审核报关单后放行。

17. 出口商放货、船公司发送提单、装船出运

出口报关通过后，出口商可进行放货操作。选择"船公司"下的"放货"，在目前的库存列表中选择商品放货。

登录辅助员角色，由船公司操作"发送提单"和"装船出运"，完成货物运输。

18. 出口商交单

出口货物装运之后，出口方应按合同要求正确缮制各种单证，送交托收行申请托收（实务中也可以办理出口托收押汇，本系统中不能押汇），从而完成一笔有效的出口任务。出口商应到"业务办理"中的"出口地银行"处进行交单。

交单时，需要准备汇票、提单、商业发票、装箱单、产地证。可以在"业务流程"图下方点击相关单据填制并保存提交。产地证在商检局处申请。注意：交单时需要在下拉列表中选择正确的交单银行。

19. 出口地银行审单、寄单

出口商交单后，登录出口地银行角色，在"单证管理"中进行审核，审核后操作"寄单"，单据将寄给进口地银行，等待进口地银行进行审单。注意：寄单时需要在下拉列表中选择正确的进口地银行。

20. 进口地银行收单、审单

进口地银行可在"单证管理"下选择"收单"，然后审核单据。

21. 进口商承兑领单

进口商可在"业务办理"菜单下选择"进口地银行"，点击"承兑"，进行汇票承兑，取得商业单据后凭单据提取货物。

22. 进口商换单、船公司发放正本提货单

进口商先到船公司换取正本提货单。然后登录辅助员角色，在菜单下的船公司处审核提单，并填写发放正本提货单。

23. 进口报检、商检局审核进口报检单

进口商先选择商检局，填写入境报检单后，保存提交，等待进口地商检局审核。然后登录辅助员角色，在进口地商检局处打开该报检单，完成审核，填写入境通关单，并确定发放。

24. 进口报关、海关审核进口报关单

进口商先在进口地海关选择报关，填写入境报关单，填好后提交给进口地海关。然后登录辅助员角色，在进口地海关处审核报关单，此后再放行。

25. 提货、销售

进口商报关通过后，便可以进行提货。点击"业务办理"中的"船公司"，即可完成提货。

进口商提货后，商品存放在"库存管理"中。点击"我的工作"，在"商品销售"中选择商品，完成销售。销售金额将自动增加到进口商账户，进口商可以在财务管理中查看本笔贸易的盈利状况。至此，进口商端的业务流程完成。

26. 进口商在承兑期限电汇货款

进口商在承兑期限内应该在"业务办理"中找到进口地银行，选择"电汇"，把货款汇到出口地银行。注意：一定要选对出口地银行。

27. 出口地银行支付货款

出口地银行先进入货款管理中，查看未付款项，然后点击合同号进入，并将货款

转入出口商账户。

28. 出口商结汇

出口商在"业务办理"中的"出口地银行"菜单下选择"结汇",即完成结汇。

29. 出口商申请收汇核销、外汇管理局核销

出口商先到外汇管理局发送核销单,然后由辅助员菜单下的外汇管理局进行审核、核销。

30. 出口商申请出口退税、国税局退税

出口商先到国税局进行退税,然后由辅助员菜单下的国税局进行审核、退税。至此,出口商端的业务流程完成。

第三节　D/P（付款交单）结算方式的实训

一、实训目的

（1）熟悉 FOB 下付款交单结算的实训操作流程。

（2）掌握流程中合同、单据的正确缮制方法。

二、实训步骤

根据"业务流程"中的流程图的提示进行试验,每完成一项操作,流程图中该项方块图即变成红色。见图 6-27。

注意:申请产地证和填写发票、汇票、装箱单等单据的步骤在流程图中没有体现,备案和报检前需要完成发票和装箱单的填写,交单前需要申请产地证和填写汇票。进口商付款赎单后货款的流转过程也没有在流程图中体现,进口商付款赎单后货款还在进口地银行处,需要进口地银行把货款汇到出口地银行。出口地银行付款给出口商后,出口商才能结汇。

付款交单结算方式的流程与承兑领单的流程类似,赎单之前的步骤都和承兑领单结算方式流程一样。但是在 FOB 下,进口商需付款赎单而不用承兑领单,即进口商必须支付全额货款后才能拿到全套单据,付款赎单之后的步骤仍然和承兑领单的一样。出口商结汇的流程如下:进口商"赎单"后,货款到了进口地银行,进口地银行在货款管理中把款项汇到出口地银行,接着出口地银行在货款管理中支付货款后,出口商就可以顺利结汇并完成后续步骤了。

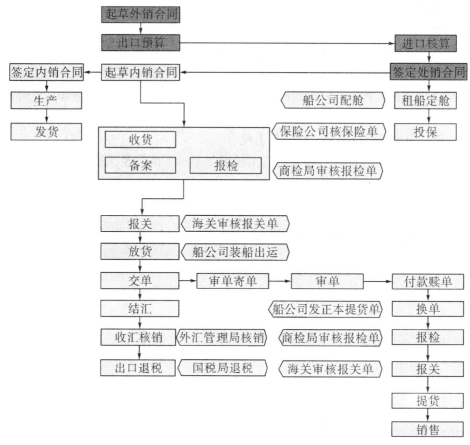

图 6-27 FOB 下付款交单结算业务流程

1. 出口商登录、发布供求信息和网络广告

首先登录出口商角色就进入工作平台，在工作平台点击"进入网站"，进入外贸网站，在外贸网站注册并登录。

出口商登录外贸网站的后台后，即可发布供求信息和添加广告。

2. 进口商登录、发布供求信息和网络广告

同出口商一样，进口商登录进入工作平台后，点击"进入网站"即进入外贸网站，在外贸网站注册并登录后台管理，即可发布供求信息和网络广告。

3. 出口商和进口商间的询盘、发盘、还盘和接受

出口商（或进口商）登录，进入外贸网站，浏览供求信息或者网络广告，找到并查看感兴趣的供求信息或网络广告。在信息页面最底端点击"邮件联系"，就会弹出邮箱系统，在邮箱系统右侧双击公司名称后，收件人一栏就会出现该公司地址。编辑主题和内容，发送一封询盘邮件。收到询盘邮件的一方登录后会看到邮件的滚动提示，查看询盘邮件后回复一份发盘邮件。然后双方可以进行还盘和复还盘，直至最后有一方接受，这时出口商就可以起草外销合同了。

4. 出口商起草外销合同

登录出口商角色，点击"业务办理"中的"进口商"，起草外销合同（发邮件给

进口商后，在外销合同填写页面才能选择进口商），合同中的付款方式选择 FOB、L/C。

填好合同内容后，保存并发送给进口商签订。进口商若对合同有异议，可修订合同，发还给出口商核对，双方认可后再签订。

5. 进口商签署外销合同

登录进口商角色，点击"业务办理"中的"出口商"，签署合同。进口商若对合同有异议，也可修订后签署。

6. 出口预算

登录出口商角色，点击"我的工作"，进行出口预算。

7. 进口核算

登录进口商角色，点击"我的工作"，进行进口核算。

8. 出口商起草内销合同

外销合同签订后，出口商就要进行出口货物的准备，寻找生产商生产所要出口的商品。

出口商可以在贸易平台的公司库中搜索生产商企业，查看其公司资料，在生产商信息页面最底端点击"邮件联系"，以邮件的方式进行询价，对所要生产的商品价格进行洽谈。双方满意后，出口商起草内销合同发送给生产商进行签署。当然，出口商也可以同时向多个生产商进行询价，从中比较价格高低，从而降低生产成本。

出口商起草内销合同，填写完毕（发邮件给生产商后，在内销合同填写页面才能选择生产商）后保存并签字，发送给生产商确认。

9. 生产商签订内销合同

生产商在内销合同下方的"签字"页面签署内销合同。若有异议，可点击"修改"按钮，修改后签字发送给出口商确认。等双方协商好并都签字后，内销合同进入履约阶段。

生产商同意并签署合同后，内销合同签订成功，出口商可以等待收货。

10. 生产商进行生产和发货

内销合同签署后，生产商"组织生产"并"发货"给出口商。

11. 出口商收货

出口商在"业务办理"中找到"供应商"进行"收货"。收货的同时也要支付货款。如果没有足够的资金，可到银行贷款，然后收货；否则将不能收货。

12. 进口商租船订舱、船公司配舱

进口商在出口商备货的同时可以在"业务办理"中找到"船公司"，填写"货物出运委托书"后提交给船公司。然后登录辅助员身份，由船公司进行订舱，完成配舱业务。

13. 进口商投保、保险公司审核

进口商在"业务办理"的"保险公司"处填写保单发给保险公司，然后登录辅助员身份，由"保险公司"中的"进口地保险公司"审核保险。

14. 出口商申请产地证、报检、出口商检审核并发放通关单

登录出口商平台，在"业务办理"页面点击"商检局"，在弹出的页面上选择

"一般产地证"或者"普惠制产地证"进行产地证申请。然后在工作平台的"业务办理"中找到商检局，填写好出口报检单并提交等待出口地商检局审核。最后登录辅助员角色，在菜单区选择"出口地商检局"，打开出境货物报验单，点击"审核"按钮，完成审核，在弹出的窗口中发放通关单。

报检时，需要准备的票据包括外销合同、装箱单、商业发票。装箱单和商业发票在"业务流程"图下方，点击相关单据填制并保存提交即可。

15. 出口商备案、外汇管理局审核

备案时，需要准备的票据包括外销合同、装箱单、商业发票。装箱单和商业发票在"业务流程"图下方，点击相关单据填制并保存提交即可。

出口商到"外汇管理局"领取并填写核销单，填写好收汇核销单后保存（实务中是到外汇管理局领取核销单，到海关备案；系统中要求到外汇管理局备案）。登录辅助员角色，在菜单区选择"外汇管理局"，找到待审核业务进行审核，完成备案。

16. 出口商报关、出口海关审核报关单

出口商在"业务办理"中点击"海关"，选择"报关"，填写出口货物报关单，提交给出口海关审核。注意：出口商在报关前需要到"外汇管理局"领取并填写核销单。

登录辅助员身份，先打开"海关"，再点击"出口地海关"，审核报关单后放行。

17. 出口商放货、船公司发送提单、装船出运

出口报关通过后，出口商可进行放货操作。选择"船公司"下的"放货"，在目前的库存列表中选择商品放货。

登录辅助员角色，由船公司操作"发送提单"和"装船出运"，完成货物运输。

18. 出口商交单

出口货物装运之后，出口方应按合同要求正确缮制各种单证，送交托收行申请托收（实务中也可以办理出口托收押汇，本系统中不能押汇），从而完成一笔有效的出口任务。出口商应到"业务办理"中的"出口地银行"处进行交单。

交单时，需要准备汇票、提单、商业发票、装箱单、产地证。可以在"业务流程"图下方点击相关单据填制并保存提交。产地证在商检局处申请。注意：交单时需要在下拉列表中选择正确的交单银行。

19. 出口地银行审单、寄单

出口商交单后，登录出口地银行角色，在"单证管理"中进行审核，审核后操作"寄单"，单据将寄给进口地银行，等待进口地银行进行审单。注意：寄单时需要在下拉列表中选择正确的进口地银行。

20. 进口地银行收单、审单

进口地银行在"单证管理"下选择"收单"，然后审核单据。

21. 进口商付款赎单

进口商可在"业务办理"菜单下选择"进口地银行"，点击"赎单"，进行托收项下的付款赎单，取得商业单据，货物到港后就可以凭单据提取货物。

22. 进口地银行转账

进口商付款赎单后，货款就会打入进口地银行，进口地银行将单据交给进口商之

后，再将收到的货款及时转账给出口地银行。转账账款将在出口地银行的货款管理中显示。

23. 出口地银行支付货款

出口地银行在货款管理中，查看未付款项，点击合同号进入，并将货款转入出口商账户。

24. 出口商结汇

出口商在"业务办理"中的"出口地银行"菜单下选择"结汇"，完成结汇。

25. 出口商申请收汇核销、外汇管理局核销

出口商到外汇管理局发送核销单，然后由辅助员菜单下的外汇管理局进行审核、核销。

26. 出口商申请出口退税、国税局退税

出口商到国税局进行退税，然后由辅助员菜单下的国税局进行审核、退税。至此，出口商端的业务流程完成。

27. 进口商换单、船公司发放正本提货单

货物到港后，进口商先到船公司凭借正本提单换取正本提货单然后登录辅助员身份，在菜单下的船公司处审核提单，并填写发放正本提货单。

28. 进口报检、商检局审核进口报检单

进口商先选择商检局，填写入境报检单后，保存提交，等待进口地商检局审核。然后登录辅助员身份，在进口地商检局处打开该报检单，完成审核，填写入境通关单，并确定发放。

29. 进口报关、海关审核进口报关单

进口商先在进口地海关选择"报关"，填写入境报关单，填好后提交给进口地海关。登录辅助员身份，在进口地海关处审核报关单，放行。

30. 提货、销售

进口商报关通过后，便可以进行提货。点击"业务办理"中的"船公司"，即可完成提货。

提货后，商品存放在"库存管理"中。进口商可点击"我的工作"，在"商品销售"中选择商品，完成销售。销售金额将自动增加到进口商账户，进口商可以在财务管理中查看本笔贸易的盈利状况。至此，进口商端的业务流程完成。

第四节　T/T Before Shipment（出货前电汇）结算方式的实训

一、实训目的

（1）熟悉 FOB 下 T/T Before Shipment 结算方式的实训操作流程。

（2）掌握流程中合同、单据的正确缮制方法。

二、实训步骤

根据"业务流程"中的流程图的提示进行试验，每完成一项操作，流程图中该项方块图即变成红色。见图6-28。

注意：填写发票、装箱单等单据的步骤在流程图中没有体现，备案和报检前需要完成发票和装箱单的填写。进口商电汇后货款的流转过程也没有在流程图中体现，进口商电汇后同货款在出口地银行处。出口地银行在进口商电汇后即可把货款打入出口商账户，出口商寄单后就能结汇。

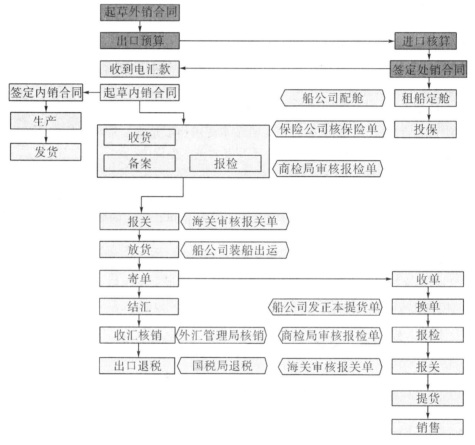

图6-28 FOB下出货前电汇结算业务流程

1. 出口商登录、发布供求信息和网络广告

首先登录出口商角色就进入工作平台，在工作平台点击"进入网站"，进入外贸网站，在外贸网站注册并登录。

出口商登录外贸网站的后台后，可发布供求信息和添加广告。

2. 进口商登录、发布供求信息和网络广告

同出口商一样，进口商登录进入工作平台后点击"进入网站"就进入外贸网站，在外贸网站注册并登录后台管理，然后发布供求信息和网络广告。

3. 出口商和进口商间的询盘、发盘、还盘和接受

出口商（或进口商）登录，进入外贸网站，浏览供求信息或者网络广告，找到并查看感兴趣的供求信息或网络广告。在信息页面最底端点击"邮件联系"，就会弹出邮箱系统，在邮箱系统右侧双击公司名称后，收件人一栏就会出现该公司地址。编辑主题和内容，发送一封询盘邮件。收到询盘邮件的一方登录后会看到邮件的滚动提示，查看询盘邮件后回复一份发盘邮件。然后双方可以进行还盘和复还盘，直至最后有一方接受，这时出口商就可以起草外销合同了。

4. 出口商起草外销合同

登录出口商角色，点击"业务办理"中的"进口商"，起草外销合同（发邮件给进口商后，在外销合同填写页面才能选择进口商），合同中的付款方式选择 FOB、L/C。

填好合同内容后，保存并发送给进口商签订。若进口商对合同有异议，可修订合同，发还给出口商核对，双方认可后再签订。

5. 进口商签署外销合同

登录进口商角色，点击"业务办理"中的"出口商"，签署合同。进口商若对合同有异议，也可修订后签署。

6. 出口预算

登录出口商角色，点击"我的工作"，进行出口预算。

7. 进口核算

登录进口商角色，点击"我的工作"，进行进口核算。

8. 进口商电汇货款

进口商在"业务办理"里选择"进口地银行"中的"电汇"，把合同的货款汇到出口商关联的出口地银行。系统中设置将所有的货款都汇至出口地银行而不是直接汇到出口商账户，出口地银行进行支付货款后，出口商才可结汇。

9. 出口商起草内销合同

外销合同签订后，出口商就要进行出口货物的准备，寻找生产商生产所要出口的商品。

出口商可以在贸易平台的公司库中搜索生产商企业，查看其公司资料，在生产商信息页面最底端点击"邮件联系"，以邮件的方式进行询价，对所要生产的商品价格进行洽谈。双方满意后，出口商起草内销合同发送给生产商进行签署。当然，出口商也可以同时向多个生产商进行询价，从中比较价格高低，从而降低生产成本。

出口商起草内销合同，填写完毕（发邮件给生产商后，在内销合同填写页面才能选择生产商）后保存并签字，发送给生产商确认。

10. 生产商签订内销合同

生产商可在内销合同下方的"签字"页面签署内销合同。若有异议，可点击"修改"按钮，修改后签字发送给出口商确认。等双方协商好并都签字后，内销合同进入履约阶段。

生产商同意并签署合同后，内销合同签订成功，出口商可以等待收货。

11. 生产商进行生产和发货

内销合同签署后，生产商点击"组织生产"并发货给出口商。

12. 出口商收货

出口商在"业务办理"中找到"供应商"进行"收货"。收货的同时也要支付货款。如果没有足够的资金，可到银行贷款，然后收货；否则将不能收货。

13. 进口商租船订舱、船公司配舱

进口商在出口商备货的同时可以在"业务办理"中找到"船公司"，填写"货物出运委托书"后提交给船公司。然后登录辅助员身份，由船公司进行订舱，完成配舱业务。

14. 进口商投保

进口商在"业务办理"的"保险公司"处填写保单发给保险公司。

15. 保险公司审核

登录辅助员角色，由"保险公司"中的"进口地保险公司"审核保险。

16. 出口商备案、外汇管理局审核

备案时，需要准备的票据包括外销合同、装箱单、商业发票。装箱单和商业发票在"业务流程"图下方，点击相关单据填制并保存提交即可。

出口商到"外汇管理局"领取并填写核销单，填写好收汇核销单后保存（实务中是到外汇管理局领取核销单，到海关备案，系统中要求到外汇管理局备案）。登录辅助员角色，在菜单区选择"外汇管理局"，找到待审核业务进行审核，完成备案。

17. 出口商申请产地证、报检、出口商检审核并发放通关单

登录出口商平台，在"业务办理"页面点击"商检局"，在弹出的页面选择"一般产地证"或者"普惠制产地证"进行产地证申请（前 T/T 中可以不申请产地证）。然后在工作平台的"业务办理"中找到商检局填写好出口报检单并提交等待出口地商检局审核。最后登录辅助员角色，在菜单区选择"出口地商检局"，打开出境货物报验单，点击"审核"按钮，完成审核，在弹出的窗口中发放通关单。

报检时，需要准备的票据包括外销合同、装箱单、商业发票。装箱单和商业发票在"业务流程"图下方，点击相关单据填制并保存提交即可。

18. 出口商报关、出口海关审核报关单

出口商在"业务办理"中点击"海关"，选择"报关"，填写出口货物报关单，提交给出口海关审核。注意：出口商在报关前需要到"外汇管理局"领取并填写核销单。

登录辅助员身份，先打开"海关"，再点击"出口地海关"，审核报关单后放行。

19. 出口商放货、船公司装船出运、发送提单

出口报关通过后，出口商可进行放货操作。选择"船公司"下的"放货"，在目前的库存列表中选择商品放货。

登录辅助员角色，由船公司操作"发送提单"和"装船出运"，完成货物运输。

20. 出口商寄单

出口商在"业务办理"中找到进口商，点击进口商后在弹出的选项中选择"寄单（T/T）"，单据就会直接寄给进口商。

寄单时，需要准备提单、商业发票、装箱单（前 T/T 中不需要汇票和产地证）。可以在"业务流程"图下方点击相关单据填制并保存提交。

21. 进口商收单

进口商在"业务办理"中找到出口商，点击出口商后在弹出的选项中选择"收单（T/T）"。

22. 进口商换单、船公司发放正本提货单

进口商到船公司点击"换单"换取正本提货单，然后登录辅助员角色，在菜单下的船公司处审核提单，并填写发放正本提货单。

23. 进口报检、商检局审核进口报检单

进口商选择商检局，填写入境报检单后，保存提交，等待进口地商检局审核。然后登录辅助员身份，在进口地商检局处打开该报检单，完成审核，填写入境通关单，并确定发放。

24. 进口报关、海关审核进口报关单

进口商先在进口地海关选择报关，填写入境报关单，填好后提交给进口地海关。登录辅助员身份，在进口地海关处审核报关单，此后再放行。

25. 提货、销售

进口商报关通过后，便可以进行提货。点击"业务办理"中的"船公司"，即可完成提货。

进口商提货后，商品存放在"库存管理"中。进口商点击"我的工作"，在"商品销售"中选择商品，完成销售。销售金额将自动增加到进口商账户，进口商可以在财务管理中查看本笔贸易的盈利状况。至此，进口商端的业务流程完成。

26. 出口地银行支付货款

出口地银行在进口商电汇（步骤 8）后即可在货款管理中，查看未付款项，点击合同号进入，并将货款转入出口商账户。

27. 出口商结汇

出口商在寄单（步骤 20）后即可在"业务办理"中的"出口地银行"菜单下选择"结汇"，即完成结汇。

28. 出口商申请收汇核销、外汇管理局核销

出口商先到外汇管理局发送核销单，然后由辅助员菜单下的外汇管理局进行审核、核销。

29. 出口商申请出口退税、国税局退税

出口商先到国税局进行退税，然后由辅助员菜单下的国税局进行审核、退税。至此，出口商端的业务流程完成。

第五节 T/T After Shipment（出货后电汇）结算方式的实训

一、实训目的

（1）熟悉 FOB 下 T/T After Shipment 结算方式的实训操作流程。

（2）掌握流程中合同、单据的正确缮制方法。

二、实训步骤

根据"业务流程"中的流程图的提示进行试验，每完成一项操作，流程图中该项方块图即变成红色。见图 6-29。

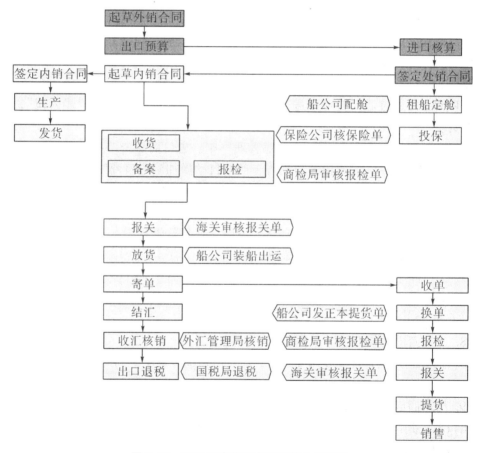

图 6-29 FOB 下出货后电汇结算业务流程

注意：填写发票、装箱单等单据的步骤在流程图中没有体现，备案和报检前需要完成发票和装箱单的填写。进口商收单后货款的流转过程也没有在流程图中体现，收单后进口商需要在进口地银行处把货款电汇给出口地银行，出口地银行再把货款打到出口商账户，这时出口商才能结汇。

后 T/T 和前 T/T 不同的地方在于：进口商是在收货或收单后再通过进口地银行把货款电汇给出口地银行的，出口地银行在货款管理中进行付款后，出口商就可以顺利结汇了。

1. 出口商登录、发布供求信息和网络广告

首先登录出口商角色就进入工作平台，在工作平台点击"进入网站"，进入外贸网站，在外贸网站注册并登录。

出口商登录外贸网站的后台后，即可发布供求信息和添加广告。

2. 进口商登录、发布供求信息和网络广告

同出口商一样，进口商登录进入工作平台后，点击"进入网站"即进入外贸网站，在外贸网站注册并登录后台管理，即可发布供求信息并网络广告。

3. 出口商和进口商间的询盘、发盘、还盘和接受

出口商（或进口商）登录，进入外贸网站，浏览供求信息或者网络广告，找到并查看感兴趣的供求信息或网络广告。在信息页面最底端点击"邮件联系"，就会弹出邮箱系统，在邮箱系统右侧双击公司名称后，收件人一栏就会出现该公司地址。编辑主题和内容，发送一封询盘邮件。收到询盘邮件的一方登录后会看到邮件的滚动提示，查看询盘邮件后回复一份发盘邮件。然后双方可以进行还盘和复还盘，直至最后有一方接受，这是出口商就可以起草外销合同了。

4. 出口商起草外销合同

登录出口商身份，点击"业务办理"中的"进口商"起草外销合同（发邮件给进口商后，在外销合同填写页面才能选择进口商），合同中的付款方式选择 FOB、L/C。

填好合同内容后，保存并发送给进口商签订。进口商若对合同有异议，可修订合同，发还给出口商核对，双方认可后再签订。

5. 进口商签署外销合同

登录进口商身份，点击"业务办理"中的"出口商"，签署合同。进口商若对合同有异议，也可修订后签署。

6. 出口预算

登录出口商身份，点击"我的工作"，进行出口预算。

7. 进口核算

登录进口商身份，点击"我的工作"，进行进口核算。

8. 出口商起草内销合同

外销合同签订后，出口商就要进行出口货物的准备，寻找生产商生产所要出口的商品。

出口商可以在贸易平台的公司库中搜索生产商企业，查看其公司资料，在生产商信息页面最底端点击"邮件联系"，以邮件的方式进行询价，对所要生产的商品价格进行洽谈。双方满意后，出口商起草内销合同发送给生产商进行签署。当然，出口商也可以同时向多个生产商进行询价，从中比较价格高低，从而降低生产成本。

出口商起草内销合同，填写完毕（发邮件给生产商后，在内销合同填写页面才能选择生产商），保存签字并发送给生产商确认。

9. 生产商签订内销合同

生产商可在内销合同下方的"签字"页面签署内销合同。若有异议，可点击"修改"按钮，修改后签字发送给出口商确认。等双方协商好并都签字后，内销合同进入履约阶段。

生产商同意并签署合同后，内销合同签订成功，出口商可以等待收货。

10. 生产商进行生产和发货

内销合同签署后，生产商点击"组织生产"并发货给出口商。

11. 出口商收货

出口商在"业务办理"中找到"供应商"进行"收货"。收货的同时也要支付货款。如果没有足够的资金，可到银行贷款，然后收货；否则将不能收货。

12. 进口商租船订舱、船公司配舱

进口商在出口商备货的同时可以在"业务办理"中找到"船公司"，填写"货物出运委托书"后提交给船公司。然后登录辅助员身份，由船公司进行订舱，完成配舱业务。

13. 进口商投保

进口商在"业务办理"的"保险公司"处填写保单发给保险公司。

14. 保险公司审核

登录辅助员身份，由"保险公司"中的"进口地保险公司"审核保险。

15. 出口商备案、外汇管理局审核

备案时，需要准备的票据包括外销合同、装箱单、商业发票。装箱单和商业发票在"业务流程"图下方，点击相关单据填制并保存提交即可。

出口商到"外汇管理局"领取并填写核销单，填写好收汇核销单后保存（实务中是到外汇管理局领取核销单，到海关备案；系统中要求到外汇管理局备案）。登录辅助员身份，在菜单区选择"外汇管理局"，找到待审核业务进行审核，完成备案。

16. 出口商申请产地证、报检、出口商检审核并发放通关单

登录出口商平台，在"业务办理"页面点击"商检局"，在弹出的页面选择"一般产地证"或者"普惠制产地证"进行产地证申请（前 T/T 中可以不申请产地证）。然后在工作平台的"业务办理"中找到商检局填写好出口报检单并提交等待出口地商检局审核。再登录辅助员身份，在菜单区选择"出口地商检局"，打开出境货物报验单，点击"审核"按钮，完成审核，然后在弹出的窗口中发放通关单。

报检时，需要准备的票据包括外销合同、装箱单、商业发票。装箱单和商业发票在"业务流程"图下方，点击相关单据填制并保存提交。

17. 出口商报关、出口海关审核报关单

出口商在"业务办理"中点击"海关"，选择"报关"，填写出口货物报关单，提交给出口海关审核。注意：出口商在报关前需要到"外汇管理局"领取并填写核销单。

登录辅助员身份，先打开"海关"，再点击"出口地海关"，审核报关单后放行。

18. 出口商放货、船公司装船出运、发送提单

出口报关通过后，出口商可进行放货操作。选择"船公司"下的"放货"，在目前的库存列表中选择商品放货。

登录辅助员身份，由船公司操作"发送提单"和"装船出运"，完成货物运输。

19. 出口商寄单

出口商在"业务办理"中找到进口商，点击进口商后在弹出的选项中选择"寄单（T/T）"，单据就会直接寄给进口商。

寄单时，需要准备提单、商业发票、装箱单（前 T/T 中不需要汇票和产地证）。可以在"业务流程"图下方点击相关单据填制并保存提交。

20. 进口商收单

进口商在"业务办理"中找到出口商，点击出口商后在弹出的选项中选择"收单（T/T）"。

21. 进口商换单、船公司发放正本提货单

进口商到船公司点击"换单"换取正本提货单。然后登录辅助员身份，在菜单下的船公司处审核提单，并填写发放正本提货单。

22. 进口报检、商检局审核进口报检单

进口商选择商检局，填写入境报检单后，保存提交，等待进口地商检局审核。登录辅助员身份，在进口地商检局处打开该报检单，完成审核，填写入境通关单，并确定发放。

23. 进口报关、海关审核进口报关单

进口商到进口地海关选择报关，填写入境报关单，填好后提交给进口地海关。登录辅助员身份，在进口地海关处审核报关单，放行。

24. 提货、销售

报关通过后，便可以进行提货。进口商可点击"业务办理"中的"船公司"，完成提货。

进口商提货后，商品存放在"库存管理"中。进口商可点击"我的工作"，在"商品销售"中选择商品，完成销售。销售金额将自动增加到进口商账户，进口商可以在财务管理中查看本笔贸易的盈利状况。至此，进口商端的业务流程完成。

25. 进口商电汇货款

进口商在收到提单或者提货后，在"业务办理"里选择"进口地银行"中的"电汇"，把合同项下的货款汇到出口商关联的出口地银行。系统中设置将所有的货款都汇至出口地银行而不是直接汇给出口商账户，出口地银行进行支付货款后出口商才可结汇。

26. 出口地银行支付货款

出口地银行在进口商电汇后即可在货款管理中，查看未付款项，点击合同号进入，并将货款转入出口商账户。

27. 出口商结汇

出口地银行支付货款后，出口商即可在"业务办理"中的"出口地银行"菜单下选择"结汇"，完成结汇。

28. 出口商申请收汇核销、外汇管理局核销

出口商到外汇管理局发送核销单，然后由辅助员菜单下的外汇管理局进行审核、核销。

29. 出口商申请出口退税、国税局退税

出口商到国税局进行退税，然后由辅助员菜单下的国税局进行审核、退税。至此，出口商端的业务流程完成。

第七章　CFR 成交方式的实训

第一节　L/C（信用证）结算方式的实训

一、实训目的

（1）熟悉 CFR 下信用证结算的操作流程。

（2）掌握流程中合同、单据的正确缮制方法。

二、实训步骤

根据"业务流程"中的流程图显示的步骤进行实训，每完成一项操作，流程图中该项方块图即变成红色。见图 7-1。

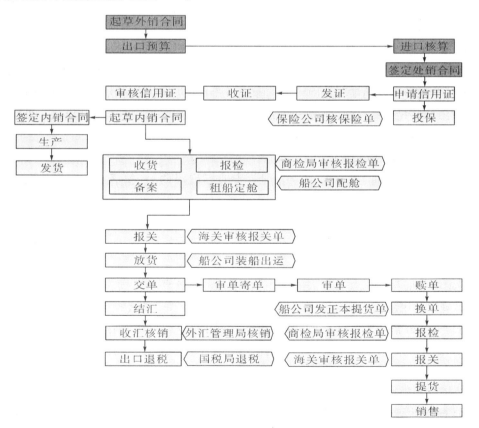

图 7-1　CFR 下信用证结算业务流程

注意：申请产地证和填写发票、汇票、装箱单等单据的步骤在流程图中没有体现，备案和报检前需要完成发票和装箱单的填写，交单前需要申请产地证和填写汇票。进口商赎单后货款的流转过程也没有在流程图中体现，进口商赎单后货款在进口地银行处。进口地银行把货款汇到出口地银行，出口地银行付款给出口商后，出口商才能结汇。

1. 出口商登录、发布供求信息和网络广告

首先登录出口商身份就进入工作平台，在工作平台点击"进入网站"，进入外贸网站，在外贸网站注册并登录。

出口商登录外贸网站的后台后，即可发布供求信息和添加广告。

2. 进口商登录、发布供求信息和网络广告

同出口商一样，进口商登录进入工作平台后，点击"进入网站"即进入外贸网站，在外贸网站注册并登录后台管理，即可发布供求信息和网络广告。

3. 出口商和进口商间的询盘、发盘、还盘和接受

出口商（或进口商）登录，进入外贸网站，浏览供求信息或者网络广告，找到并查看感兴趣的供求信息或网络广告。在信息页面最底端点击"邮件联系"，就会弹出邮箱系统，在邮箱系统右侧双击公司名称后，收件人一栏就会出现该公司地址。编辑主题和内容，发送一封询盘邮件。收到询盘邮件的一方登录后会看到邮件的滚动提示，查看询盘邮件后回复一份发盘邮件。然后双方可以进行还盘和复还盘，直至最后有一方接受，这时出口商就可以起草外销合同了。

4. 出口商起草外销合同

登录出口商身份，点击"业务办理"中的"进口商"，起草外销合同（发邮件给进口商后，在外销合同填写页面才能选择进口商），合同中的付款方式选择 CFR、L/C。

填好合同内容后，保存并发送给进口商签订。进口商若对合同有异议，可修订合同，发还给出口商核对，双方认可后再签订。

5. 进口商签署外销合同

登录进口商身份，点击"业务办理"中的"出口商"，签署合同。进口商若对合同有异议，也可修订后签署。

6. 出口预算

登录出口商身份，点击"我的工作"，进行出口预算。

7. 进口核算

登录进口商身份，点击"我的工作"，进行进口核算。

8. 进口商申请信用证

进口商在外销合同签订后，就可以进行信用证申请。在工作平台的"业务办理"中，点击进口地银行下的子菜单"申请信用证"，在显示区中选择该合同，并填写信用证申请书，提交到进口地银行。

9. 进口地银行发证

进口地银行登录后，审核信用证申请书（一般都通过，如果不通过，就需要进口商修改申请书后重新发送），然后填写信用证。信用证填好后，选择出口地银行，将信

用证发送给通知行，即出口地银行。

10. 出口地银行收证

出口地银行登录交易中心后，在菜单区的信用证管理下选择子菜单"收证"，选择未查看的信用证，发送通知单，进行信用证通知单填写。填写完毕后，保存并发送给出口商。

11. 出口商领取信用证并审核

出口商在交易中心的业务办理中，选择进口地银行菜单下的"领取信用证"，打开信用证的"新到通知"页面，领取信用证并审核。

12. 出口商起草内销合同

外销合同签订后，出口商就要进行出口货物的准备，寻找生产商生产所要出口的商品。

出口商可以在贸易平台的公司库中搜索生产商企业，查看其公司资料，在生产商信息页面最底端点击"邮件联系"，以邮件的方式进行询价，对所要生产的商品价格进行洽谈。双方满意后，出口商起草内销合同发送给生产商进行签署。当然，出口商也可以同时向多个生产商进行询价，从中比较价格高低，从而降低生产成本。

出口商起草内销合同，填写完毕（发邮件给生产商后，在内销合同填写页面才能选择生产商）后保存并签字，发送给生产商确认。

13. 生产商签订内销合同

生产商可在内销合同下方的"签字"页面签署内销合同。若有异议，可点击"修改"按钮，修改后签字发送给出口商确认。等双方协商好并都签字后，内销合同进入履约阶段。

生产商同意并签署合同后，内销合同签订成功，出口商可以等待收货。

14. 生产商进行生产和发货

内销合同签署后，生产商点击"组织生产"并发货给出口商。

15. 出口商收货

出口商在"业务办理"中找到"供应商"进行"收货"。收货的同时也要支付货款。如果没有足够的资金，可到银行贷款，然后收货；否则将不能收货。

16. 出口商租船订舱、船公司配舱

处口商在"业务办理"中找到"船公司"，填写"货物出运委托书"后提交给船公司。然后登录辅助员身份，由船公司进行订舱，完成配舱业务。

17. 出口商备案、外汇管理局审核

备案时，需要准备的票据包括外销合同、装箱单、商业发票。装箱单和商业发票在"业务流程"图下方，点击相关单据填制并保存提交即可。

出口商到"外汇管理局"领取并填写核销单，填写好收汇核销单后保存（实务中是到外汇管理局领取核销单，到海关备案；系统中要求到外汇管理局备案）。登录辅助员身份，在菜单区选择"外汇管理局"，找到待审核业务进行审核，完成备案。

18. 出口商申请产地证、报检、出口商检审核并发放通关单

登录出口商平台，在"业务办理"页面点击"商检局"，在弹出的页面选择"一

般产地证"或者"普惠制产地证"进行产地证申请。然后在工作平台的"业务办理"中找到商检局，填写好出口报检单并提交等待出口地商检局审核。然后登录辅助员身份，在菜单区选择"出口地商检局"，打开出境货物报验单，点击"审核"按钮，完成审核，在弹出的窗口中发放通关单。

报检时，需要准备的票据包括：外销合同、装箱单、商业发票。装箱单和商业发票在"业务流程"图下方，点击相关单据填制并保存提交。

19. 进口商投保、保险公司审核

进口商在"业务办理"的"保险公司"处填写保单发给保险公司，然后登录辅助员身份，由"保险公司"中的"进口地保险公司"审核保险。

20. 出口商报关、出口海关审核报关单

出口商在"业务办理"中点击"海关"，选择"报关"，填写出口货物报关单，提交给出口海关审核。注意：出口商在报关前需要到"外汇管理局"领取并填写核销单。

登录辅助员身份，先打开"海关"，再点击"出口地海关"，审核报关单后放行。

21. 出口商放货、船公司发送提单、装船出运

出口报关通过后，出口商可进行放货操作。选择"船公司"下的"放货"，在目前的库存列表中选择商品放货。

登录辅助员身份，由船公司操作"发送提单"和"装船出运"，完成货物运输。

22. 出口商交单

出口货物装运之后，出口方应按合同或信用证要求，正确缮制各种单证，并在信用证规定的有效时间内，送交银行议付和结汇，从而完成一笔有效的出口任务。出口商应到"业务办理"中的"出口地银行"处进行交单。

交单时，需要准备汇票、提单、商业发票、装箱单、产地证等。可以在"业务流程"图下方点击相关单据填制并保存提交。产地证在商检局处申请。注意：交单时需要在下拉列表中选择正确的交单银行。

23. 出口地银行审单、寄单

出口商交单后，登录出口地银行身份，在"单据管理"中进行审核，审核后操作"寄单"，单据将寄给进口地银行，等待进口地银行进行审单。注意：寄单时需要在下拉列表中选择正确的进口地银行。

24. 进口地银行收单、审单、汇款

进口地银行在单证管理下选择"收单"，审核单据后，系统将弹出转账页面，选择正确的出口地银行，将本次交易金额汇到出口地银行。

25. 出口地银行支付货款

出口地银行在货款管理中，查看未付款项，点击合同号进入，并将货款转入出口商账户。

26. 出口商结汇

出口商在"业务办理"中的"出口地银行"菜单下选择"结汇"，完成结汇。

27. 出口商申请收汇核销、外汇管理局核销

出口商到外汇管理局发送核销单，然后由辅助员菜单下的外汇管理局进行审核、

核销。

28. 出口商申请出口退税、国税局退税

出口商到国税局进行退税，然后由辅助员菜单下的国税局进行审核、退税。至此，出口商端的业务流程完成。

29. 进口商赎单

进口地银行审单通过后，进口商便可以赎单。进口商在"业务办理"中找到"进口地银行"，选择"赎单"，完成赎单。若进口商账户余额不足，则无法完成赎单。

30. 进口商换单、船公司发放正本提货单

进口商点击"船公司"下的"换单"，换取正本提货单。然后登录辅助员身份，在菜单下的船公司处审核提单，并填写发放正本提货单。

31. 进口报检、商检局审核进口报检单

进口商选择商检局，填写入境报检单后，保存提交，等待进口地商检局审核。登录辅助员身份，在进口地商检局处打开该报检单，完成审核，然后填写入境通关单，并确定发放。

32. 进口报关、海关审核进口报关单

进口商先在进口地海关选择"报关"，填写入境报关单，填好后提交给进口地海关。登录辅助员身份，在进口地海关处审核报关单，放行。

33. 提货

进口商报关通过后，便可以进行提货。点击"业务办理"中的"船公司"，即可完成提货。

34. 销售

提货后，商品存放在"库存管理"中。进口商可点击"我的工作"，在"商品销售"中选择商品，完成销售。销售金额将自动增加到进口商账户，进口商可以在财务管理中查看本笔贸易的盈利状况。至此，进口商端的业务流程完成。

第二节　D/A（承兑交单）结算方式的实训

一、实训目的

（1）熟悉 CFR 下承兑交单的实训操作流程。

（2）掌握流程中合同、单据的正确缮制方法。

二、实训步骤

根据"业务流程"中的流程图的提示进行试验，每完成一项操作，流程图中该项方块图即变成红色。见图 7-2。

注意：申请产地证和填写发票、汇票、装箱单等单据的步骤在流程图中没有体现，备案和报检前需要完成发票和装箱单的填写，交单前需要申请产地证和填写汇票。进

口商承兑领单后货款的流转过程也没有在流程图中体现、进口商承兑领单后还没有支付货款。在承兑期限到后，进口商需要把货款汇到出口地银行，出口地银行付款给出口商后，出口商才能结汇。

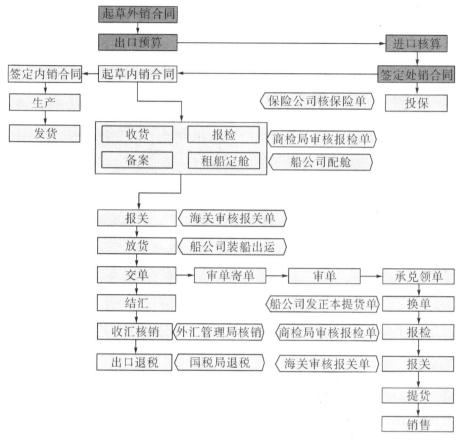

图7-2 CFR下承兑交单结算业务流程

1. 出口商登录、发布供求信息和网络广告

首先登录出口商身份，进入工作平台，在工作平台点击"进入网站"，进入外贸网站，在外贸网站注册并登录。

出口商登录外贸网站的后台后，可发布供求信息和添加广告。

2. 进口商登录、发布供求信息和网络广告

同出口商一样，进口商登录进入工作平台后，点击"进入网站"即进入外贸网站，在外贸网站注册并登录后台管理，即可发布供求信息和网络广告。

3. 出口商和进口商间的询盘、发盘、还盘和接受

出口商（或进口商）登录进入外贸网站，浏览供求信息或者网络广告，找到并查看感兴趣的供求信息或网络广告。在信息页面最底端点击"邮件联系"，就会弹出邮箱系统，在邮箱系统右侧双击公司名称后，收件人一栏就会出现该公司地址。编辑主题和内容，发送一封询盘邮件。收到询盘邮件的一方登录后会看到邮件的滚动提示，查看询盘邮件后回复一份发盘邮件。然后双方可以进行还盘和复还盘，直至最后有一方

接受，这时出口商就可以起草外销合同了。

4. 出口商起草外销合同

登录出口商身份，点击"业务办理"中的"进口商"起草外销合同（发邮件给进口商后，在外销合同填写页面才能选择到进口商），合同中的付款方式选择 CFR、L/C。

填好合同内容后，保存并发送给进口商签订。若进口商对合同有异议，可修订合同，发还给出口商核对，双方认可后再签订。

5. 进口商签署外销合同

登录进口商身份，点击"业务办理"中的"出口商"，签署合同。进口商若对合同有异议，也可修订后签署。

6. 出口预算

登录出口商身份，点击"我的工作"，进行出口预算。

7. 进口核算

登录进口商身份，点击"我的工作"，进行进口核算。

8. 出口商起草内销合同

外销合同签订后，出口商就要进行出口货物的准备，寻找生产商生产所要出口的商品。

出口商可以在贸易平台的公司库中搜索生产商企业，查看其公司资料，在生产商信息页面最底端点击"邮件联系"，以邮件的方式进行询价，对所要生产的商品价格进行洽谈。双方满意后，出口商起草内销合同发送给生产商进行签署。当然，出口商也可以同时向多个生产商进行询价，从中比较价格高低，从而降低生产成本。

出口商起草内销合同，填写完毕（发邮件给生产商后，在内销合同填写页面才能选择生产商）后保存并签字，发送给生产商确认。

9. 生产商签订内销合同

生产商可在内销合同下方的"签字"页面签署内销合同。若有异议，可点击"修改"按钮，修改后签字发送给出口商确认。等双方协商好并都签字后，内销合同进入履约阶段。

生产商同意并签署合同后，内销合同签订成功，出口商可以等待收货。

10. 生产商进行生产和发货

内销合同签署后，生产商点击"组织生产"并发货给出口商。

11. 出口商收货

出口商在"业务办理"中找到"供应商"进行"收货"。收货的同时也要支付货款。如果没有足够的资金，可到银行贷款，然后收货；否则将不能收货。

12. 出口商租船订舱、船公司配舱

出口商在"业务办理"中找到"船公司"，填写"货物出运委托书"后提交给船公司。然后登录辅助员身份，由船公司进行订舱，完成配舱业务。

13. 出口商申请产地证、报检、出口商检审核并发放通关单

登录出口商平台，在"业务办理"页面点击"商检局"，在弹出的页面选择"一般产地证"或者"普惠制产地证"进行产地证申请。然后在工作平台的"业务办理"

中找到商检局填写好出口报检单并提交，等待出口地商检局审核。再登录辅助员身份，在菜单区选择"出口地商检局"，打开出境货物报验单，点击"审核"按钮，完成审核，然后在弹出的窗口中发放通关单。

报检时，需要准备的票据包括外销合同、装箱单、商业发票。装箱单和商业发票在"业务流程"图下方，点击相关单据填制并保存提交。

14. 出口商备案、外汇管理局审核

备案时，需要准备的票据包括外销合同、装箱单、商业发票。装箱单和商业发票在"业务流程"图下方，点击相关单据填制并保存提交。

出口商到"外汇管理局"领取并填写核销单，填写好收汇核销单后保存（实务中是到外汇管理局领取核销单，到海关备案。系统中要求到外汇管理局备案）。登录辅助员身份，在菜单区选择"外汇管理局"，找到待审核业务进行审核，完成备案。

15. 进口商投保、保险公司审核

进口商在"业务办理"的"保险公司"处填写保单发给保险公司，然后登录辅助员身份，由"保险公司"中的"进口地保险公司"审核保险。

16. 出口商报关、出口海关审核报关单

出口商在"业务办理"中点击"海关"选择"报关"，填写出口货物报关单，提交给出口海关审核。注意：出口商在报关前需要到"外汇管理局"领取并填写核销单。

登录辅助员身份，先打开"海关"，再点击"出口地海关"，审核报关单，放行。

17. 出口商放货、船公司发送提单、装船出运

出口报关通过后，出口商可进行放货操作。选择"船公司"下的"放货"，在目前的库存列表中选择商品放货。

登录辅助员身份，由船公司操作"发送提单"和"装船出运"，完成货物运输。

18. 出口商交单

出口货物装运之后，出口方应按合同要求正确缮制各种单证，送交托收行申请托收（实务中也可以办理出口托收押汇，本系统中不能押汇），从而完成一笔有效的出口任务。出口商应到"业务办理"中的"出口地银行"处进行交单。

交单时，需要准备汇票、提单、商业发票、装箱单、产地证。可以在"业务流程"图下方点击相关单据填制并保存提交。产地证在商检局处申请。注意：交单时需要在下拉列表中选择正确的交单银行。

19. 出口地银行审单、寄单

出口商交单后，登录出口地银行身份，在"单证管理"中进行审核，审核后操作"寄单"，单据将寄给进口地银行，等待进口地银行进行审单。注意：寄单时需要在下拉列表中选择正确的进口地银行。

20. 进口地银行收单、审单

进口地银行在"单证管理"下选择"收单"，然后审核单据。

21. 进口商承兑领单

进口商在"业务办理"菜单下选择"进口地银行"，点击"承兑"，进行汇票承兑，取得商业单据，凭单据提取货物。

22. 进口商换单、船公司发放正本提货单

进口商到船公司换取正本提货单，然后登录辅助员身份，在菜单下的船公司处审核提单，并填写发放正本提货单。

23. 进口报检、商检局审核进口报检单

进口商选择商检局，填写入境报检单后，保存提交，等待进口地商检局审核。然后登录辅助员身份，在进口地商检局处打开该报检单，完成审核，填写入境通关单，并确定发放。

24. 进口报关、海关审核进口报关单

进口商先在进口地海关选择报关，填写入境报关单，填好后提交给进口地海关。登录辅助员身份，在进口地海关处审核报关单，此后再放行。

25. 提货、销售

进口商报关通过后，便可以进行提货。点击"业务办理"中的"船公司"，即可完成提货。

进口商提货后，商品存放在"库存管理"中。进口商点击"我的工作"，在"商品销售"中选择商品，完成销售。销售金额将自动增加到进口商账户，进口商可以在财务管理中查看本笔贸易的盈利状况。至此，进口商端的业务流程完成。

26. 进口商在承兑期限电汇货款

进口商在承兑期限内应该在"业务办理"中找到进口地银行，选择"电汇"，把货款汇到出口地银行。注意一定要选对出口地银行。

27. 出口地银行支付货款

出口地银行可在货款管理中查看"未付款项"，点击合同号进入，并将货款转入出口商账户。

28. 出口商结汇

出口商可在"业务办理"中的"出口地银行"菜单下选择"结汇"，完成结汇。

29. 出口商申请收汇核销、外汇管理局核销

出口商到外汇管理局发送核销单，然后由辅助员菜单下的外汇管理局进行审核、核销。

30. 出口商申请出口退税、国税局退税

出口商先到国税局进行退税，然后由辅助员菜单下的国税局进行审核、退税。至此，出口商端的业务流程完成。

第三节　D/P（付款交单）结算方式的实训

一、实训目的

（1）熟悉 CFR 下付款交单结算的实训操作流程。

（2）掌握流程中合同、单据的正确缮制方法。

二、实训步骤

根据"业务流程"中的流程图的提示进行试验，每完成一项操作，流程图中该项方块图即变成红色。见图7-3。

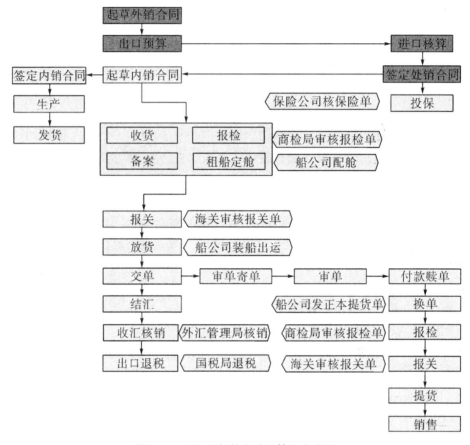

图7-3　CFR下付款交单结算业务流程

注意：申请产地证和填写发票、汇票、装箱单等单据的步骤在流程图中没有体现，备案和报检前需要完成发票和装箱单的填写，交单前需要申请产地证和填写汇票。进口商付款赎单后货款的流转过程也没有在流程图中体现，进口商付款赎单后货款还在进口地银行处，需要进口地银行把货款汇到出口地银行，出口地银行付款给出口商后，出口商才能结汇。

付款交单结算方式的流程与承兑领单的流程类似，赎单之前的步骤都和承兑领单结算方式流程一样。但是这种方式下，进口商是付款赎单而不是承兑领单，即进口商必须支付全额货款后才能拿到全套单据，付款赎单之后进口商后面的步骤仍然和承兑领单的一样。出口商结汇的流程如下：进口商"赎单"后，货款到了进口地银行；进口地银行在货款管理中把款项汇到出口地银行；出口地银行在货款管理中支付货款后，出口商就可以顺利结汇并完成后续步骤了。

1. 出口商登录、发布供求信息和网络广告

首先登录出口商身份，进入工作平台，在工作平台点击"进入网站"，进入外贸网站，在外贸网站注册并登录。

出口商登录外贸网站的后台后，发布供求信息和添加广告。

2. 进口商登录、发布供求信息和网络广告

同出口商一样，进口商登录进入工作平台后，点击"进入网站"即进入外贸网站，在外贸网站注册并登录后台管理，即可发布供求信息和网络广告。

3. 出口商和进口商间的询盘、发盘、还盘和接受

出口商（或进口商）登录进入外贸网站，浏览供求信息或者网络广告，找到并查看感兴趣的供求信息或网络广告。在信息页面最底端点击"邮件联系"，就会弹出邮箱系统，在邮箱系统右侧双击公司名称后，收件人一栏就会出现该公司地址。编辑主题和内容，发送一封询盘邮件。收到询盘邮件的一方登录后会看到邮件的滚动提示，查看询盘邮件后回复一份发盘邮件。然后双方可以进行还盘和复还盘，直至最后有一方接受，这时出口商就可以起草外销合同了。

4. 出口商起草外销合同

登录出口商身份，点击"业务办理"中的"进口商"，起草外销合同（发邮件给进口商后，在外销合同填写页面才能选择到进口商），合同中的付款方式选择 CFR、L/C。

填好合同内容后，保存并发送给进口商签订。若进口商对合同有异议，可修订合同，发还给出口商核对，双方认可后再签订。

5. 进口商签署外销合同

登录进口商身份，点击"业务办理"中的"出口商"，签署合同。进口商若对合同有异议，也可修订后签署。

6. 出口预算

登录出口商身份，点击"我的工作"，进行出口预算。

7. 进口核算

登录进口商身份，点击"我的工作"，进行进口核算。

8. 出口商起草内销合同

外销合同签订后，出口商就要进行出口货物的准备，寻找生产商生产所要出口的商品。

出口商可以在贸易平台的公司库中搜索生产商企业，查看其公司资料，在生产商信息页面最底端点击"邮件联系"，以邮件的方式进行询价，对所要生产的商品价格进行洽谈。双方满意后，出口商起草内销合同发送给生产商进行签署。当然，出口商也可以同时向多个生产商进行询价，从中比较价格高低，从而降低生产成本。

出口商起草内销合同，填写完毕（发邮件给生产商后，在内销合同填写页面才能选择生产商）后保存并签字，发送给生产商确认。

9. 生产商签订内销合同

生产商可在内销合同下方的"签字"页面签署内销合同。若有异议，可点击"修改"按钮，修改后签字发送给出口商确认。等双方协商好并都签字后，内销合同进入履约阶段。

生产商同意并签署合同后，内销合同签订成功，出口商可以等待收货。

10. 生产商进行生产和发货

内销合同签署后，生产商点击"组织生产"并发货给出口商。

11. 出口商收货

出口商在"业务办理"中找到"供应商"进行"收货"。收货的同时也要支付货款。如果没有足够的资金，可到银行贷款，然后收货；否则将不能收货。

12. 出口商租船订舱、船公司配舱

出口商在"业务办理"中找到"船公司"，填写"货物出运委托书"后提交给船公司。

登录辅助员身份，由船公司进行订舱，完成配舱业务。

13. 出口商申请产地证、报检、出口商检审核并发放通关单

登录出口商平台，在"业务办理"页面点击"商检局"，在弹出的页面选择"一般产地证"或者"普惠制产地证"进行产地证申请。然后在工作平台的"业务办理"中找到商检局填写好出口报检单并提交，等待出口地商检局审核。再登录辅助员身份，在菜单区选择"出口地商检局"，打开出境货物报验单，点击"审核"按钮，完成审核，然后在弹出的窗口中发放通关单。

报检时，需要准备的票据包括外销合同、装箱单、商业发票。装箱单和商业发票在"业务流程"图下方，点击相关单据填制并保存提交。

14. 出口商备案、外汇管理局审核

备案时，需要准备的票据包括外销合同、装箱单、商业发票。装箱单和商业发票在"业务流程"图下方，点击相关单据填制并保存提交。

出口商到"外汇管理局"领取并填写核销单，填写好收汇核销单后保存（实务中是到外汇管理局领取核销单，到海关备案；系统中要求到外汇管理局备案）。登录辅助员身份，在菜单区选择"外汇管理局"，找到待审核业务进行审核，完成备案。

15. 进口商投保、保险公司审核

进口商在"业务办理"的"保险公司"处填写保单发给保险公司，然后登录辅助员身份，由"保险公司"中的"进口地保险公司"审核保险。

16. 出口商报关、出口海关审核报关单

出口商在"业务办理"中点击"海关"，选择"报关"，填写出口货物报关单，提交给出口海关审核。注意：出口商在报关前需要到"外汇管理局"领取并填写核销单。

登录辅助员身份，先打开"海关"，再点击"出口地海关"，审核报关单，放行。

17. 出口商放货、船公司发送提单、装船出运

出口报关通过后，出口商可进行放货操作。选择"船公司"下的"放货"，在目前的库存列表中选择商品放货。

登录辅助员身份，由船公司操作"发送提单"和"装船出运"，完成货物运输。

18. 出口商交单

出口货物装运之后，出口方应按合同要求正确缮制各种单证，送交托收行申请托收（实务中也可以办理出口托收押汇，本系统中不能押汇），从而完成一笔有效的出口任务。出口商应到"业务办理"中的"出口地银行"处进行交单。

交单时，需要准备汇票、提单、商业发票、装箱单、产地证。可以在"业务流程"图下方点击相关单据填制并保存提交。产地证在商检局处申请。注意：交单时需要在下拉列表中选择正确的交单银行。

19. 出口地银行审单、寄单

出口商交单后，登录出口地银行身份，在"单证管理"中进行审核，审核后操作"寄单"，单据将寄给进口地银行，等待进口地银行进行审单。注意：寄单时需要在下拉列表中选择正确的进口地银行。

20. 进口地银行收单、审单

进口地银行在"单证管理"下选择"收单"，然后审核单据。

21. 进口商付款赎单

进口商在"业务办理"菜单下选择"进口地银行"，点击"赎单"，进行托收项下的付款赎单，取得商业单据，货物到港后就可以凭单据提取货物。

22. 进口地银行转账

进口商付款赎单后货款就会打入进口地银行，进口地银行将单据交给进口商之后，再将收到的货款及时转账给出口地银行。转账账款将在出口地银行的货款管理中显示。

23. 出口地银行支付货款

出口地银行可在货款管理中查看"未付款项"，点击合同号进入，并将货款转入出口商账户。

24. 出口商结汇

出口商可在"业务办理"中的"出口地银行"菜单下选择"结汇"，完成结汇。

25. 出口商申请收汇核销、外汇管理局核销

出口商到外汇管理局发送核销单，然后由辅助员菜单下的外汇管理局进行审核、核销。

26. 出口商申请出口退税、国税局退税

出口商先到国税局进行退税，然后由辅助员菜单下的国税局进行审核、退税。至此，出口商端的业务流程完成。

27. 进口商换单、船公司发放正本提货单

货物到港后，进口商到船公司凭借正本提单换取正本提货单。然后登录辅助员身

份，在菜单下的船公司处审核提单，并填写发放正本提货单。

28. 进口报检、商检局审核进口报检单

进口商选择商检局，填写入境报检单后，保存提交，等待进口地商检局审核。登录辅助员身份，在进口地商检局处打开该报检单，完成审核，填写入境通关单，并确定发放。

29. 进口报关、海关审核进口报关单

进口商到进口地海关选择报关，填写入境报关单，填好后提交给进口地海关。登录辅助员身份，在进口地海关处审核报关单，放行。

30. 提货、销售

进口商报关通过后，便可以进行提货，点击"业务办理"中的"船公司"，即可完成提货。

进口商提货后，商品存放在"库存管理"中。进口商可点击"我的工作"，在"商品销售"中选择商品，完成销售。销售金额将自动增加到进口商账户，进口商可以在财务管理中查看本笔贸易的盈利状况。至此，进口商端的业务流程完成。

第四节　T/T Before Shipment（出货前电汇）结算方式的实训

一、实训目的

（1）熟悉 CFR 下 T/T Before Shipment 结算方式的实训操作流程。
（2）掌握流程中合同、单据的正确缮制方法。

二、实训步骤

根据"业务流程"中的流程图的提示进行试验，每完成一项操作，流程图中该项方块图即变成红色。见图 7-4。

注意：填写发票、装箱单等单据的步骤在流程图中没有体现，备案和报检前需要完成发票和装箱单的填写。进口商电汇后货款的流转过程也没有在流程图中体现。进口商电汇后货款在出口地银行处。出口地银行在进口商电汇后即可把货款打到出口商账户，出口商寄单后就能结汇。

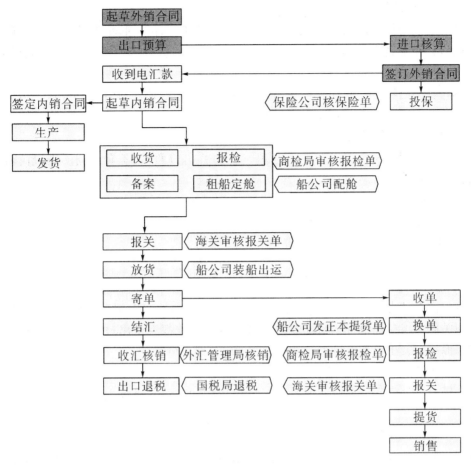

图 7-4　CFR 下出货前电汇结算业务流程

1. 出口商登录、发布供求信息和网络广告

首先登录出口商身份，进入工作平台，在工作平台点击"进入网站"进入外贸网站，在外贸网站注册并登录。

出口商登录外贸网站的后台后，发布供求信息和添加广告。

2. 进口商登录、发布供求信息和网络广告

同出口商一样，进口商登录进入工作平台后，点击"进入网站"即进入外贸网站，在外贸网站注册并登录后台管理，即可发布供求信息和网络广告。

3. 出口商和进口商间的询盘、发盘、还盘和接受

出口商（或进口商）登录，进入外贸网站，浏览供求信息或者网络广告，找到并查看感兴趣的供求信息或网络广告。在信息页面最底端点击"邮件联系"，就会弹山邮箱系统，在邮箱系统右侧双击公司名称后，收件人一栏就会出现该公司地址。编辑主题和内容，发送一封询盘邮件。收到询盘邮件的一方登录后会看到邮件的滚动提示，查看询盘邮件后回复一份发盘邮件。然后双方可以进行还盘和复还盘，直至最后有一方接受，这是出口商就可以起草外销合同了。

4. 出口商起草外销合同

登录出口商身份，点击"业务办理"中的"进口商"，起草外销合同（发邮件给进口商后，在外销合同填写页面才能选择到进口商），合同中的付款方式选择 CFR、L/C。

填好合同内容后，保存并发送给进口商签订。若进口商对合同有异议，可修订合同，发还给出口商核对，双方认可后再签订。

5. 进口商签署外销合同

登录进口商身份，点击"业务办理"中的"出口商"，签署合同。进口商若对合同有异议，也可修订后签署。

6. 出口预算

登录出口商身份，点击"我的工作"，进行出口预算。

7. 进口核算

登录进口商身份，点击"我的工作"，进行进口核算。

8. 进口商电汇货款

进口商在"业务办理"里选择"进口地银行"中的"电汇"，把合同的货款汇到出口商关联的出口地银行。系统中设置将所有的货款都汇至出口地银行而不是直接汇给出口商账户，出口地银行进行支付货款后出口商才可结汇。

9. 出口商起草内销合同

外销合同签订后，出口商就要进行出口货物的准备，寻找生产商生产所要出口的商品。

出口商可以在贸易平台的公司库中搜索生产商企业，查看其公司资料，在生产商信息页面最底端点击"邮件联系"，以邮件的方式进行询价，对所要生产的商品价格进行洽谈。双方满意后，出口商起草内销合同发送给生产商进行签署。当然，出口商也可以同时向多个生产商进行询价，比较价格高低，从而降低生产成本。

出口商起草内销合同，填写完毕（发邮件给生产商后，在内销合同填写页面才能选择生产商）后，保存并签字，发送给生产商确认。

10. 生产商签订内销合同

生产商可在内销合同下方的"签字"页面签署内销合同。若有异议，可点击"修改"按钮，修改后签字发送给出口商确认。等双方协商好并都签字后，内销合同进入履约阶段。

生产商同意并签署合同后，内销合同签订成功，出口商可以等待收货。

11. 生产商进行生产和发货

内销合同签署后，生产商点击"组织生产"并发货给出口商。

12. 出口商收货

出口商在"业务办理"中找到"供应商"进行"收货"。收货的同时也要支付货款。如果没有足够的资金，可到银行贷款，然后收货；否则将不能收货。

13. 出口商租船订舱、船公司配舱

出口商在"业务办理"中找到"船公司"，填写"货物出运委托书"后提交给船公司。

登录辅助员身份，由船公司进行订舱，完成配舱业务。

14. 出口商备案、外汇管理局审核

备案时，需要准备的票据包括外销合同、装箱单、商业发票。装箱单和商业发票在"业务流程"图下方，点击相关单据填制并保存提交。

出口商到"外汇管理局"领取并填写核销单，填写好收汇核销单后保存（实务中是到外汇管理局领取核销单，到海关备案；系统中要求到外汇管理局备案）。登录辅助员身份，在菜单区选择"外汇管理局"，找到待审核业务进行审核，完成备案。

15. 出口商申请产地证、报检、出口商检审核并发放通关单

登录出口商平台，在"业务办理"页面点击"商检局"，在弹出的页面选择"一般产地证"或者"普惠制产地证"进行产地证申请（前 T/T 中可以不申请产地证）。然后在工作平台的"业务办理"中找到商检局填写好出口报检单并提交等待出口地商检局审核。再登录辅助员身份，在菜单区选择"出口地商检局"，打开出境货物报验单，点击"审核"按钮，完成审核，然后在弹出的窗口中发放通关单。

报检时，需要准备的票据包括外销合同、装箱单、商业发票。装箱单和商业发票在"业务流程"图下方，点击相关单据填制并保存提交。

16. 进口商投保

进口商在"业务办理"的"保险公司"处填写保单发给保险公司。

17. 保险公司审核

登录辅助员身份，由"保险公司"中的"进口地保险公司"审核保险。

18. 出口商报关、出口海关审核报关单

出口商在"业务办理"中点击"海关"，选择"报关"，填写出口货物报关单，提交给出口海关审核。注意：出口商在报关前需要到"外汇管理局"领取并填写核销单。

登录辅助员身份，先打开"海关"，再点击"出口地海关"，审核报关单，放行。

19. 出口商放货、船公司发送提单、装船出运

出口报关通过后，出口商可进行放货操作。选择"船公司"下的"放货"，在目前的库存列表中选择商品放货。

登录辅助员身份，由船公司操作"发送提单"和"装船出运"，完成货物运输。

20. 出口商寄单

出口商在"业务办理"中找到进口商，点击进口商后在弹出的选项中选择"寄单（T/T）"，单据就会直接寄给进口商。

寄单时，需要准备提单、商业发票、装箱单（前 T/T 中不需要汇票和产地证）。可以在"业务流程"图下方点击相关单据填制并保存提交。

21. 进口商收单

进口商在"业务办理"中找到出口商，点击出口商后在弹出的选项中选择"收单（T/T）"。

22. 进口商换单、船公司发放正本提货单

进口商到船公司点击"换单"换取正本提货单。然后登录辅助员身份，在菜单下

的船公司处审核提单，并填写发放正本提货单。

23. 进口报检、商检局审核进口报检单

进口商选择商检局，填写入境报检单后，保存提交，等待进口地商检局审核。登录辅助员身份，在进口地商检局处打开该报检单，完成审核，填写入境通关单，并确定发放。

24. 进口报关、海关审核进口报关单

进口商到进口地海关选择报关，填写入境报关单，填好后提交给进口地海关。登录辅助员身份，在进口地海关处审核报关单，此后再放行。

25. 提货、销售

进口商报关通过后，便可以进行提货，点击"业务办理"中的"船公司"，即可完成提货。

进口商提货后，商品存放在"库存管理"中。进口商可点击"我的工作"，在"商品销售"中选择商品，完成销售。销售金额将自动增加到进口商账户，进口商可以在财务管理中查看本笔贸易的盈利状况。至此，进口商端的业务流程完成。

26. 出口地银行支付货款

出口地银行在进口商电汇（步骤8）后即可在货款管理中查看未付款项，点击合同号进入，并将货款转入出口商账户。

27. 出口商结汇

出口商在寄单（步骤20）后即可在"业务办理"中的"出口地银行"菜单下选择"结汇"来完成结汇。

28. 出口商申请收汇核销、外汇管理局核销

出口商到外汇管理局发送核销单，然后由辅助员菜单下的外汇管理局进行审核、核销。

29. 出口商申请出口退税、国税局退税

出口商到国税局进行退税，然后由辅助员菜单下的国税局进行审核、退税。至此，出口商端的业务流程完成。

第五节　T/T After Shipment（出货后电汇）结算方式的实训

一、实训目的

（1）熟悉 CFR 下 T/T After Shipment 结算方式的实训操作流程。

（2）掌握流程中合同、单据的正确缮制方法。

二、实训步骤

根据"业务流程"中的流程图的提示进行试验，每完成一项操作，流程图中该项方块图即变成红色。见图 7-5。

注意：填写发票、装箱单等单据的步骤在流程图中没有体现，备案和报检前需要完成发票和装箱单的填写。进口商收单后，货款的流转过程也没有在流程图中体现。收单后进口商需要在进口地银行处把货款电汇给出口地银行，出口地银行再把货款打到出口商账户，这时出口商才能结汇。

前 T/T 是款到后生产、发货、发单，而后 T/T 是货到后几天收款或者收到全套单据后几天收款，两种结算方式的试验流程很相似。不同的地方在于：进口商是在收货或收单后再通过进口地银行把货款电汇给出口地银行，出口地银行在货款管理中进行付款后，出口商就可以顺利结汇。

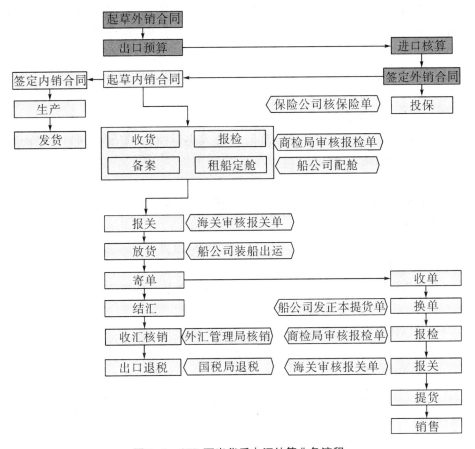

图 7-5 CFR 下出货后电汇结算业务流程

1. 出口商登录、发布供求信息和网络广告

首先登录出口商身份，进入工作平台，在工作平台点击"进入网站"，进入外贸网站，在外贸网站注册并登录。

出口商登录外贸网站的后台后，发布供求信息和添加广告。

2. 进口商登录、发布供求信息和网络广告

同出口商一样，进口商登录进入工作平台后，点击"进入网站"即进入外贸网站，在外贸网站注册并登录后台管理，即可发布供求信息和网络广告。

3. 出口商和进口商间的询盘、发盘、还盘和接受

出口商（或进口商）登录，进入外贸网站，浏览供求信息或者网络广告，找到并查看感兴趣的供求信息或网络广告。在信息页面最底端点击"邮件联系"，就会弹出邮箱系统，在邮箱系统右侧双击公司名称后，收件人一栏就会出现该公司地址。编辑主题和内容，发送一封询盘邮件。收到询盘邮件的一方登录后会看到邮件的滚动提示，查看询盘邮件后回复一份发盘邮件。然后双方可以进行还盘和复还盘，直至最后有一方接受，这时出口商就可以起草外销合同了。

4. 出口商起草外销合同

登录出口商身份，点击"业务办理"中的"进口商"，起草外销合同（发邮件给进口商后，在外销合同填写页面才能选择到进口商），合同中的付款方式选择 CFR、L/C。

填好合同内容后，保存并发送给进口商签订。若进口商对合同有异议，可修订合同，发还给出口商核对，双方认可后再签订。

5. 进口商签署外销合同

登录进口商身份，点击"业务办理"中的"出口商"，签署合同。进口商若对合同有异议，也可修订后签署。

6. 出口预算

登录出口商身份，点击"我的工作"，进行出口预算。

7. 进口核算

登录进口商身份，点击"我的工作"，进行进口核算。

8. 出口商起草内销合同

外销合同签订后，出口商就要进行出口货物的准备，寻找生产商生产所要出口的商品。

出口商可以在贸易平台的公司库中搜索生产商企业，查看其公司资料，在生产商信息页面最底端点击"邮件联系"，以邮件的方式进行询价，对所要生产的商品价格进行洽谈。双方满意后，出口商起草内销合同发送给生产商进行签署。当然，出口商也可以同时向多个生产商进行询价，比较价格高低，从而降低生产成本。

出口商起草内销合同，填写完毕（发邮件给生产商后，在内销合同填写页面才能选择生产商）后，保存并签字，发送给生产商确认。

9. 生产商签订内销合同

生产商可在内销合同下方的"签字"页面签署内销合同。若有异议，可点击"修改"按钮，修改后签字发送给出口商确认。等双方协商好并都签字后，内销合同进入履约阶段。

生产商同意并签署合同后，内销合同签订成功，出口商可以等待收货。

10. 生产商进行生产和发货

内销合同签署后，生产商点击"组织生产"并发货给出口商。

11. 出口商收货

出口商在"业务办理"中找到"供应商"进行"收货"。收货的同时也要支付货

款。如果没有足够的资金，可到银行贷款，然后收货；否则将不能收货。

12. 出口商租船订舱、船公司配舱

出口商在"业务办理"中找到"船公司"，填写"货物出运委托书"后提交给船公司。

登录辅助员身份，由船公司进行订舱，完成配舱业务。

13. 出口商备案、外汇管理局审核

备案时，需要准备的票据包括外销合同、装箱单、商业发票。装箱单和商业发票在"业务流程"图下方，点击相关单据填制并保存提交。

出口商到"外汇管理局"领取并填写核销单，填写好收汇核销单后保存（实务中是到外汇管理局领取核销单，到海关备案；系统中要求到外汇管理局备案）。登录辅助员身份，在菜单区选择"外汇管理局"，找到待审核业务进行审核，完成备案。

14. 出口商申请产地证、报检、出口商检审核并发放通关单

登录出口商平台，在"业务办理"页面点击"商检局"，在弹出的页面选择"一般产地证"或者"普惠制产地证"进行产地证申请（前 T/T 中可以不申请产地证）。然后在工作平台的"业务办理"中找到商检局，填写好出口报检单并提交等待出口地商检局审核。再登录辅助员身份，在菜单区选择"出口地商检局"，打开出境货物报验单，点击"审核"按钮，完成审核，然后在弹出的窗口中发放通关单。

报检时，需要准备的票据包括外销合同、装箱单、商业发票。装箱单和商业发票在"业务流程"图下方，点击相关单据填制并保存提交。

15. 进口商投保

进口商在"业务办理"的"保险公司"处填写保单发给保险公司。

16. 保险公司审核

登录辅助员身份，由"保险公司"中的"进口地保险公司"审核保险。

17. 出口商报关、出口海关审核报关单

出口商在"业务办理"中点击"海关"，选择"报关"，填写出口货物报关单，提交给出口海关审核。注意：出口商在报关前需要到"外汇管理局"领取并填写核销单。

登录辅助员身份，先打开"海关"，再点击"出口地海关"，审核报关单，放行。

18. 出口商放货、船公司发送提单、装船出运

出口报关通过后，出口商可进行放货操作。选择"船公司"下的"放货"，在目前的库存列表中选择商品放货。

登录辅助员身份，由船公司操作"发送提单"和"装船出运"，完成货物运输。

19. 出口商寄单

出口商在"业务办理"中找到进口商，点击进口商后在弹出的选项中选择"寄单（T/T）"，单据就会直接寄给进口商。

寄单时，需要准备提单、商业发票、装箱单（前 T/T 中不需要汇票和产地证）。可以在"业务流程"图下方点击相关单据填制并保存提交。

20. 进口商收单

进口商在"业务办理"中找到出口商，点击出口商后在弹出的选项中选择"收单

（T/T）"。

21. 进口商换单、船公司发放正本提货单

货物到港后，进口商到船公司点击"换单"换取正本提货单。然后登录辅助员身份，在菜单下的船公司处审核提单，并填写发放正本提货单。

22. 进口报检、商检局审核进口报检单

进口商选择商检局，填写入境报检单后，保存提交，等待进口地商检局审核。登录辅助员身份，在进口地商检局处打开该报检单，完成审核，填写入境通关单，并确定发放。

23. 进口报关、海关审核进口报关单

进口商到进口地海关选择报关，填写入境报关单，填好后提交给进口地海关。登录辅助员身份，在进口地海关处审核报关单，放行。

24. 提货、销售

进口商报关通过后，便可以进行提货，点击"业务办理"中的"船公司"，即可完成提货。

进口商提货后，商品存放在"库存管理"中。进口商可点击"我的工作"，在"商品销售"中选择商品，完成销售。销售金额将自动增加到进口商账户，进口商可以在财务管理中查看本笔贸易的盈利状况。至此，进口商端的业务流程完成。

25. 进口商电汇货款

进口商在收到提单或者提货后，在"业务办理"里选择"进口地银行"中的"电汇"，把合同项下的货款汇到出口商关联的出口地银行。系统中设置将所有的货款都汇至出口地银行而不是直接汇给出口商账户，出口地银行进行支付货款后出口商才可结汇。

26. 出口地银行支付货款

出口地银行在进口商电汇后即可在货款管理中查看未付款项，点击合同号进入，并将货款转入出口商账户。

27. 出口商结汇

出口地银行支付货款后，出口商即可在"业务办理"中的"出口地银行"菜单下选择"结汇"来完成结汇。

28. 出口商申请收汇核销、外汇管理局核销

出口商到外汇管理局发送核销单，然后由辅助员菜单下的外汇管理局进行审核、核销。

29. 出口商申请出口退税、国税局退税

出口商到国税局进行退税，然后由辅助员菜单下的国税局进行审核、退税。至此，出口商端的业务流程完成。

第八章　CIF 成交方式的实训

第一节　L/C（信用证）结算方式的实训

一、实训目的

（1）熟悉 CIF 下信用证结算的操作流程。

（2）掌握流程中合同、单据的正确缮制方法。

二、实训步骤

根据"业务流程"中的流程图显示的步骤进行实训，每完成一项操作，流程图中该项方块图即变成红色。见图 8-1。

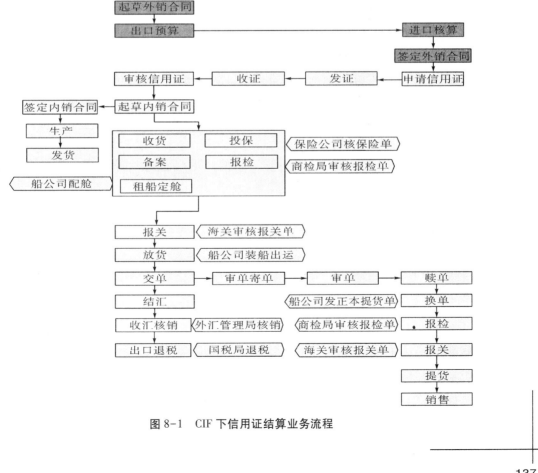

图 8-1　CIF 下信用证结算业务流程

注意：申请产地证和填写发票、汇票、装箱单等单据的步骤在流程图中没有体现，备案和报检前需要完成发票和装箱单的填写，交单前需要申请产地证和填写汇票。进口商赎单后货款的流转过程也没有在流程图中体现，进口商赎单后货款在进口地银行处，需要进口地银行把货款汇到出口地银行。出口地银行付款给出口商后，出口商才能结汇。

1. 出口商登录、发布供求信息和网络广告

首先登录出口商身份，进入工作平台，在工作平台点击"进入网站"，进入外贸网站，在外贸网站注册并登录。

出口商登录外贸网站的后台后，发布供求信息并添加广告。

2. 进口商登录、发布供求信息和网络广告

同出口商一样，进口商登录进入工作平台后，点击"进入网站"即进入外贸网站，在外贸网站注册并登录后台管理，即可发布供求信息和网络广告。

3. 出口商和进口商间的询盘、发盘、还盘和接受

出口商（或进口商）登录，进入外贸网站，浏览供求信息或者网络广告，找到并查看感兴趣的供求信息或网络广告。在信息页面最底端点击"邮件联系"，就会弹出邮箱系统，在邮箱系统右侧双击公司名称后，收件人一栏就会出现该公司地址。编辑主题和内容，发送一封询盘邮件。收到询盘邮件的一方登录后会看到邮件的滚动提示，查看询盘邮件后回复一份发盘邮件。然后双方可以进行还盘和复还盘，直至最后有一方接受，这时出口商就可以起草外销合同了。

4. 出口商起草外销合同

登录出口商身份，点击"业务办理"中的"进口商"，起草外销合同（发邮件给进口商后，在外销合同填写页面才能选择进口商），合同中的付款方式选择 CIF、L/C。

填好合同内容后，保存并发送给进口商，然后等待对方签订。若进口商对合同有异议，可修订合同，发还给出口商核对，双方认可后再签订。

5. 进口商签署外销合同

登录进口商身份，点击"业务办理"中的"出口商"，签署合同。进口商若对合同有异议，也可修订后发还给出口商签署。

6. 出口预算

登录出口商身份，点击"我的工作"，进行出口预算。

7. 进口核算

登录进口商身份，点击"我的工作"，进行进口核算。

8. 进口商申请信用证

进口商在外销合同签订后，就可以进行信用证申请。在工作平台的"业务办理"中，点击进口地银行下的子菜单"申请信用证"，在显示区中选择该合同，并填写信用证申请书，提交到进口地银行。

9. 进口地银行发证

进口地银行登录后，审核信用证申请书（一般都会通过，如果不通过，就需要进口商修改申请书后重新发送），然后填写信用证。信用证填好后，选择出口地银行，将

信用证发送给通知行，即出口地银行。

10. 出口地银行收证

出口地银行登录交易中心后，在菜单区的信用证管理下选择子菜单"收证"，选择未查看的信用证，发送通知单，进行信用证通知单填写。填写完毕后，保存并发送给出口商。

11. 出口商领取信用证并审核

出口商在交易中心的业务办理中，选择进口地银行菜单下的"领取信用证"，打开信用证"新到通知"页面，领取信用证并审核。

12. 出口商起草内销合同

出口商审核信用证无误后，出口商就要进行出口货物的准备，找生产商生产所要出口的商品。

出口商可以在贸易平台的公司库中搜索生产商企业，查看其公司资料，在生产商信息页面最底端点击"邮件联系"，以邮件的方式进行询价，对所要生产的商品价格进行洽谈。双方满意后，出口商起草内销合同发送给生产商进行签署。当然，出口商也可以同时向多个生产商进行询价，从中比较价格高低，从而降低生产成本。

出口商起草内销合同，填写完毕（发邮件给生产商后，在内销合同填写页面才能选择生产商）后，保存并签字，发送给生产商确认。

13. 生产商签订内销合同

登录生产商身份，点击内销合同下方的"签字"页面签署内销合同。若有异议，可点击"修改"按钮，修改后签字发送给出口商确认。等双方协商好并都签字后，内销合同进入履约阶段。

生产商同意并签署合同后，内销合同签订成功。出口商可以等待收货，等待的同时当然也可以做其他工作，如出口保险、备案、租船订舱等。

14. 生产商进行生产和发货

内销合同签署后，生产商点击"组织生产"并"发货"给出口商。

15. 出口商收货

出口商在"业务办理"中找到"供应商"进行"收货"。收货的同时也要支付货款。如果没有足够的资金，可到银行贷款，然后收货；否则将不能收货。

16. 出口商租船订舱、船公司配舱

出口商在"业务办理"中找到"船公司"，填写"货物出运委托书"后提交给船公司。

登录辅助员身份，由船公司进行订舱，完成配舱业务。

17. 出口商备案、外汇管理局审核

备案时，需要准备的票据包括外销合同、装箱单、商业发票。装箱单和商业发票在"业务流程"图下方，点击相关单据填制并保存提交。

出口商到"外汇管理局"领取并填写核销单，填写好收汇核销单后保存（实务中是到外汇管理局领取核销单，向海关进行网上口岸备案；系统中要求到外汇管理局备案）。

登录辅助员身份，在菜单区选择"外汇管理局"，找到待审核业务进行审核，完成备案。

18. 出口商申请产地证、报检、出口商检审核并发放通关单

登录出口商平台，在"业务办理"页面点击"商检局"，在弹出的页面选择"一般产地证"或者"普惠制产地证"进行产地证申请。然后在工作平台的"业务办理"中找到商检局填写好出口报检单并提交等待出口地商检局审核。再登录辅助员身份，在菜单区选择"出口地商检局"，打开出境货物报验单，点击"审核"按钮，完成审核，然后在弹出的窗口中发放通关单。

报检时，需要准备的票据包括外销合同、装箱单、商业发票。装箱单和商业发票在"业务流程"图下方，点击相关单据填制并保存提交。

19. 出口商投保、保险公司审核

出口商在"业务办理"中的"保险公司"处填写保单发给保险公司，然后登录辅助员身份，由"保险公司"中的"出口地保险公司"审核保险。

20. 出口商报关、出口海关审核报关单

出口商在"业务办理"中点击"海关"，选择"报关"，填写出口货物报关单，提交给出口海关审核。注意：出口商在报关前需要到"外汇管理局"领取并填写核销单。

登录辅助员身份，打开"海关"，再点击"出口地海关"，审核报关单，放行。

21. 出口商放货、船公司发送提单、装船出运

出口报关通过后，出口商可进行放货操作。选择"船公司"下的"放货"，在目前的库存列表中选择商品放货。

登录辅助员身份，由船公司操作"发送提单"和"装船出运"，完成货物运输。

22. 出口商交单

出口货物装运之后，出口方应按合同或信用证要求，正确缮制各种单证，并在信用证规定的有效时间内，送交银行议付和结汇，从而完成一笔有效的出口任务。出口商应到"业务办理"中的"出口地银行"处进行交单。

交单时，需要准备汇票、提单、商业发票、装箱单、产地证等。可以在"业务流程"图下方点击相关单据填制并保存提交。产地证在商检局处申请。注意：交单时需要在下拉列表中选择正确的交单银行。

23. 出口地银行审单、寄单

出口商交单后，登录出口地银行身份，在"单据管理"中进行审核，审核后操作"寄单"，单据将寄给进口地银行，等待进口地银行进行审单。注意：寄单时需要在下拉列表中选择正确的进口地银行。

24. 进口地银行收单、审单、汇款

进口地银行在单证管理下选择"收单"，审核单据后，系统将弹出转账页面，选择正确的出口地银行，将本次交易金额汇到出口地银行。

25. 出口地银行支付货款

出口地银行在货款管理中，查看未付款项，点击合同号进入，并将货款转入出口商账户。

26. 出口商结汇

出口商在"业务办理"中的"出口地银行"菜单下选择"结汇",完成结汇。

27. 出口商申请收汇核销、外汇管理局核销

出口商到外汇管理局发送核销单,然后由辅助员菜单下的外汇管理局进行审核、核销。

28. 出口商申请出口退税、国税局退税

出口商到国税局进行退税,然后由辅助员菜单下的国税局进行审核、退税。至此,出口商端的业务流程完成。

29. 进口商赎单

进口地银行审单通过后,进口商便可以赎单。进口商在"业务办理"中找到"进口地银行",选择"赎单"来完成赎单。若进口商账户余额不足,则无法完成赎单。

30. 进口商换单、船公司发放正本提货单

进口商到船公司点击"换单"换取正本提货单。然后登录辅助员身份,在菜单下的船公司处审核提单,填写并发放正本提货单。

31. 进口报检、商检局审核进口报检单

进口商选择商检局,填写入境报检单后,保存提交,等待进口地商检局审核。登录辅助员身份,在进口地商检局处打开该报检单,完成审核,填写入境通关单,并确定发放。

32. 进口报关、海关审核进口报关单

进口商到进口地海关选择报关,填写入境报关单,填好后提交给进口地海关。登录辅助员身份,在进口地海关处审核报关单,此后再放行。

33. 提货

进口商报关通过后,便可以进行提货。进口商点击"业务办理"中的"船公司",完成提货。

34. 销售

进口商提货后,商品存放在"库存管理"中。进口商点击"我的工作",在"商品销售"中选择商品,完成销售。销售金额将自动增加到进口商账户,进口商可以在财务管理中查看本笔贸易的盈利状况。至此,进口商端的业务流程完成。

第二节　D/A（承兑交单）结算方式的实训

一、实训目的

（1）熟悉 CIF 下承兑交单的实训操作流程。

（2）掌握流程中合同、单据的正确缮制方法。

二、实训步骤

根据"业务流程"中的流程图的提示进行试验，每完成一项操作，流程图中该项方块图即变成红色。见图 8-2。

注意：申请产地证和填写发票、汇票、装箱单等单据的步骤在流程图中没有体现，备案和报检前需要完成发票和装箱单的填写，交单前需要申请产地证和填写汇票。进口商承兑领单后货款的流转过程也没有在流程图中体现。进口商承兑领单后还没有支付货款，在承兑期限到期后，进口商需要把货款汇到出口地银行，出口地银行付款给出口商后，出口商才能结汇。

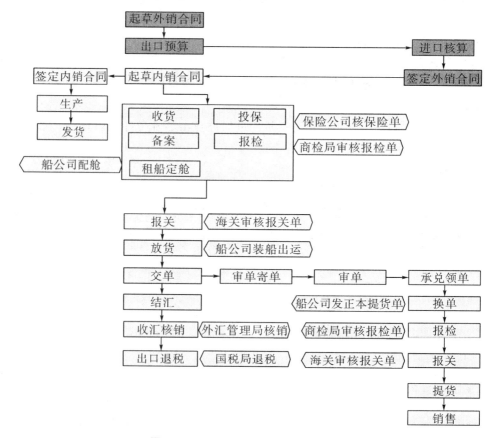

图 8-2　CIF 下承兑交单结算业务流程

1. 出口商登录、发布供求信息和网络广告

首先登录出口商身份就进入工作平台，在工作平台点击"进入网站"，进入外贸网站，在外贸网站注册并登录。

出口商登录外贸网站的后台后，发布供求信息并添加广告。

2. 进口商登录、发布供求信息和网络广告

同出口商一样，进口商登录进入工作平台后点击"进入网站"即进入外贸网站，在外贸网站注册并登录后台管理，即可发布供求信息和网络广告。

3. 出口商和进口商间的询盘、发盘、还盘和接受

出口商（或进口商）登录，进入外贸网站，浏览供求信息或者网络广告，找到并查看感兴趣的供求信息或网络广告。在信息页面最底端点击"邮件联系"，就会弹出邮箱系统，在邮箱系统右侧双击公司名称后，收件人一栏就会出现该公司地址。编辑主题和内容，发送一封询盘邮件。收到询盘邮件的一方登录后会看到邮件的滚动提示，查看询盘邮件后回复一份发盘邮件。然后双方可以进行还盘和复还盘，直至最后有一方接受，这时出口商就可以起草外销合同了。

4. 出口商起草外销合同

登录出口商身份，点击"业务办理"中的"进口商"，起草外销合同（发邮件给进口商后，在外销合同填写页面才能选择到进口商），合同中的付款方式选择 CFR、L/C。

填好合同内容后，保存并发送给进口商签订。若进口商对合同有异议，可修订合同，发还给出口商核对，双方认可后再签订。

5. 进口商签署外销合同

登录进口商身份，点击"业务办理"中的"出口商"，签署合同。进口商若对合同有异议，也可修订后签署。

6. 出口预算

登录出口商身份，点击"我的工作"，进行出口预算。

7. 进口核算

登录进口商身份，点击"我的工作"，进行进口核算。

8. 出口商起草内销合同

外销合同签订后，出口商就要进行出口货物的准备，寻找生产商生产所要出口的商品。

出口商可以在贸易平台的公司库中搜索生产商企业，查看其公司资料，在生产商信息页面最底端点击"邮件联系"，以邮件的方式进行询价，对所要生产的商品价格进行洽谈。双方满意后，出口商起草内销合同发送给生产商进行签署。当然，出口商也可以同时向多个生产商进行询价，从中比较价格高低，进而降低生产成本。

出口商起草内销合同，填写完毕（发邮件给生产商后，在内销合同填写页面才能选择到生产商）后，保存并签字，发送给生产商确认。

9. 生产商签订内销合同

生产商在内销合同下方的"签字"页面签署内销合同。若有异议，可点击"修

改"按钮,修改后签字发送给出口商确认。等双方协商好并都签字后,内销合同进入履约阶段。

生产商同意并签署合同后,内销合同签订成功,出口商可以等待收货。

10. 生产商进行生产和发货

内销合同签署后,生产商点击"组织生产"并发货给出口商。

11. 出口商收货

出口商在"业务办理"中找到"供应商"进行"收货"。收货的同时也要支付货款。如果没有足够的资金,可到银行贷款,然后收货;否则将不能收货。

12. 出口商租船订舱、船公司配舱

出口商在"业务办理"中找到"船公司",填写"货物出运委托书"后提交给船公司。

登录辅助员身份,由船公司进行订舱,完成配舱业务。

13. 出口商申请产地证、报检、出口商检审核并发放通关单

首先,登录出口商平台,在"业务办理"页面点击"商检局",在弹出的页面选择"一般产地证"或者"普惠制产地证"进行产地证申请。然后,在工作平台的"业务办理"中找到商检局填写好出口报检单并提交等待出口地商检局审核。最后,登录辅助员身份,在菜单区选择"出口地商检局",打开出境货物报验单,点击"审核"按钮,完成审核,在弹出的窗口中发放通关单。

报检时,需要准备的票据包括外销合同、装箱单、商业发票。装箱单和商业发票在"业务流程"图下方,点击相关单据填制并保存提交。

14. 出口商备案、外汇管理局审核

备案时,需要准备的票据包括外销合同、装箱单、商业发票。装箱单和商业发票在"业务流程"图下方,点击相关单据填制并保存提交。

出口商到"外汇管理局"领取并填写核销单,填写好收汇核销单后保存(实务中是到外汇管理局领取核销单,到海关备案;系统中要求到外汇管理局备案)。登录辅助员身份,在菜单区选择"外汇管理局",找到待审核业务进行审核,完成备案。

15. 出口商投保、保险公司审核

出口商在"业务办理"的"保险公司"处填写保单发给保险公司,然后登录辅助员身份,由"保险公司"中的"出口地保险公司"审核保险。

16. 出口商报关、出口海关审核报关单

出口商在"业务办理"中点击"海关",选择"报关",填写出口货物报关单,提交给出口海关审核。注意:出口商在报关前需要到"外汇管理局"领取并填写核销单。

登录辅助员身份,先打开"海关",再点击"出口地海关",审核报关单,放行。

17. 出口商放货、船公司发送提单、装船出运

出口报关通过后,出口商可进行放货操作。选择"船公司"下的"放货",在目前的库存列表中选择商品放货。

登录辅助员身份,由船公司操作"发送提单"和"装船出运",完成货物运输。

18. 出口商交单

出口货物装运之后，出口方应按合同要求正确缮制各种单证，送交托收行申请托收（实务中也可以办理出口托收押汇，本系统中不能押汇），从而完成一笔有效的出口任务。出口商应到"业务办理"中的"出口地银行"处进行交单。

交单时，需要准备汇票、提单、商业发票、装箱单、产地证。可以在"业务流程"图下方点击相关单据填制并保存提交。产地证在商检局处申请。注意：交单时需要在下拉列表中选择正确的交单银行。

19. 出口地银行审单、寄单

出口商交单后，登录出口地银行身份，在"单证管理"中进行审核，审核后操作"寄单"，单据将寄给进口地银行，等待进口地银行进行审单。注意：寄单时需要在下拉列表中选择正确的进口地银行。

20. 进口地银行收单、审单

进口地银行在"单证管理"下选择"收单"，然后审核单据。

21. 进口商付款赎单

进口商在"业务办理"菜单下选择"进口地银行"，点击"赎单"，进行托收项下的付款赎单，取得商业单据，货物到港后就可以凭单据提取货物。

22. 进口地银行转账

进口商付款赎单后货款就会打入进口地银行，进口地银行将单据交给进口商之后，再将收到的货款及时转账给出口地银行。转账账款将在出口地银行的货款管理中显示。

23. 出口地银行支付货款

出口地银行可在货款管理中查看未付款项，点击合同号进入，并将货款转入出口商账户。

24. 出口商结汇

出口商可在"业务办理"中的"出口地银行"菜单下选择"结汇"，完成结汇。

25. 出口商申请收汇核销、外汇管理局核销

出口商到外汇管理局发送核销单，然后由辅助员菜单下的外汇管理局进行审核、核销。

26. 出口商申请出口退税、国税局退税

出口商到国税局进行退税，然后由辅助员菜单下的国税局进行审核、退税。至此，出口商端的业务流程完成。

27. 进口商换单、船公司发放正本提货单

货物到港后，进口商到船公司凭借正本提单换取正本提货单。然后登录辅助员身份，在菜单下的船公司处审核提单，并填写发放正本提货单。

28. 进口报检、商检局审核进口报检单

进口商选择商检局，填写入境报检单后，保存提交，等待进口地商检局审核。登录辅助员身份，在进口地商检局处打开该报检单，完成审核，填写入境通关单，并确定发放。

29. 进口报关、海关审核进口报关单

进口商到进口地海关选择报关，填写入境报关单，填好后提交给进口地海关。登录辅助员身份，在进口地海关处审核报关单，此后再放行。

30. 提货、销售

进口商报关通过后，便可以进行提货。进口商点击"业务办理"中的"船公司"完成提货。

进口商提货后，商品存放在"库存管理"中。进口商点击"我的工作"，在"商品销售"中选择商品，完成销售。销售金额将自动增加到进口商账户，进口商可以在财务管理中查看本笔贸易的盈利状况。至此，进口商端的业务流程完成。

第三节　D/P（付款交单）结算方式的实训

一、实训目的

（1）熟悉 CIF 下付款交单结算的实训操作流程。
（2）掌握流程中合同、单据的正确缮制方法。

二、实训步骤

根据"业务流程"中的流程图的提示进行试验，每完成一项操作，流程图中该项方块图即变成红色。见图 8-3。

注意：申请产地证和填写发票、汇票、装箱单等单据的步骤在流程图中没有体现，备案和报检前需要完成发票和装箱单的填写，交单前需要申请产地证和填写汇票。进口商付款赎单后货款的流转过程也没有在流程图中体现，进口商付款赎单后货款还在进口地银行处，需要进口地银行把货款汇到出口地银行。出口地银行付款给出口商后，出口商才能结汇。

付款交单结算方式的流程与承兑领单的流程类似，赎单之前的步骤都和承兑领单结算方式流程一样。但是这种方式下，进口商是付款赎单而不是承兑领单，即进口商必须支付全额货款后才能拿到全套单据，完成付款赎单之后，进口商后面的步骤仍然和承兑领单的一样。出口商结汇的流程如下：进口商"赎单"后，货款到了进口地银行；其次，进口地银行在货款管理中把款项汇到出口地银行；最后，出口地银行在货款管理中支付货款。之后，出口商就可以顺利结汇并完成后续步骤了。

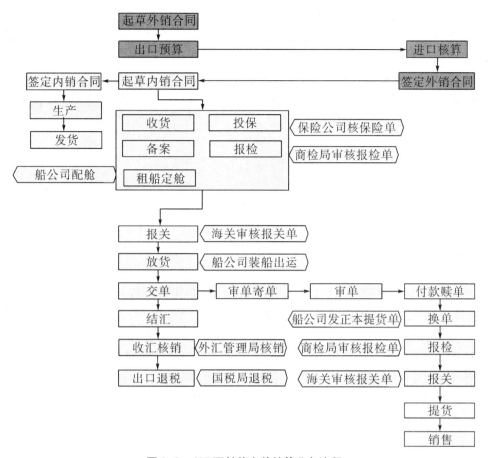

图 8-3　CIF 下付款交单结算业务流程

1. 出口商登录、发布供求信息和网络广告

首先登录出口商身份，进入工作平台，在工作平台点击"进入网站"，进入外贸网站，在外贸网站注册并登录。

出口商登录外贸网站的后台后，发布供求信息和添加广告。

2. 进口商登录、发布供求信息和网络广告

同出口商一样，进口商登录进入工作平台后点击"进入网站"即进入外贸网站，在外贸网站注册并登录后台管理，然后发布供求信息和网络广告。

3. 出口商和进口商间的询盘、发盘、还盘和接受

出口商（或进口商）登录，进入外贸网站，浏览供求信息或者网络广告，找到并查看感兴趣的供求信息或网络广告。在信息页面最底端点击"邮件联系"，就会弹出邮箱系统，在邮箱系统右侧双击公司名称后，收件人一栏就会出现该公司地址。编辑主题和内容，发送一封询盘邮件。收到询盘邮件的一方登录后会看到邮件的滚动提示，查看询盘邮件后回复一份发盘邮件。然后双方可以进行还盘和复还盘，直至最后有一方接受，这时出口商就可以起草外销合同了。

4. 出口商起草外销合同

登录出口商身份，点击"业务办理"中的"进口商"，起草外销合同（发邮件给

进口商后,在外销合同填写页面才能选择进口商),合同中的付款方式选择 CFR、L/C。

填好合同内容后,保存并发送给进口商签订。若进口商对合同有异议,可修订合同,发还给出口商核对,双方认可后再签订。

5. 进口商签署外销合同

登录进口商身份,点击"业务办理"中的"出口商",签署合同。进口商若对合同有异议,也可修订后签署。

6. 出口预算

登录出口商身份,点击"我的工作",进行出口预算。

7. 进口核算

登录进口商身份,点击"我的工作",进行进口核算。

8. 出口商起草内销合同

外销合同签订后,出口商就要进行出口货物的准备,寻找生产商生产所要出口的商品。

出口商可以在贸易平台的公司库中搜索生产商企业,查看其公司资料,在生产商信息页面最底端点击"邮件联系",以邮件的方式进行询价,对所要生产的商品价格进行洽谈。双方满意后,出口商起草内销合同发送给生产商进行签署。当然,出口商也可以同时向多个生产商进行询价,从中比较价格高低,进而降低生产成本。

出口商起草内销合同,填写完毕(发邮件给生产商后,在内销合同填写页面才能选择到生产商)后,保存并签字,发送给生产商确认。

9. 生产商签订内销合同

生产商在内销合同下方的"签字"页面签署内销合同。若有异议,可点击"修改"按钮,修改后签字发送给出口商确认。等双方协商好并都签字后,内销合同进入履约阶段。

生产商同意并签署合同后,内销合同签订成功,出口商可以等待收货。

10. 生产商进行生产和发货

内销合同签署后,生产商点击"组织生产"并发货给出口商。

11. 出口商收货

出口商在"业务办理"中找到"供应商"进行"收货"。收货的同时也要支付货款,如果没有足够的资金,可到银行贷款,然后收货;否则将不能收货。

12. 出口商租船订舱、船公司配舱

出口商在"业务办理"中找到"船公司",填写"货物出运委托书"后提交给船公司。

登录辅助员身份,由船公司进行订舱,完成配舱业务。

13. 出口商申请产地证、报检、出口商检审核并发放通关单

首先,登录出口商平台,在"业务办理"页面点击"商检局",在弹出的页面选择"一般产地证"或者"普惠制产地证"进行产地证申请。然后,在工作平台的"业务办理"中找到商检局填写好出口报检单并提交等待出口地商检局审核。最后,登录辅助员身份,在菜单区选择"出口地商检局",打开出境货物报验单,点击"审核"

按钮，完成审核，在弹出的窗口中发放通关单。

报检时，需要准备的票据包括外销合同、装箱单、商业发票。装箱单和商业发票在"业务流程"图下方，点击相关单据填制并保存提交。

14. 出口商备案、外汇管理局审核

备案时，需要准备的票据包括外销合同、装箱单、商业发票。装箱单和商业发票在"业务流程"图下方，点击相关单据填制并保存提交。

出口商到"外汇管理局"领取并填写核销单，填写好收汇核销单后保存（实务中是到外汇管理局领取核销单，到海关备案；系统中要求到外汇管理局备案）。登录辅助员身份，在菜单区选择"外汇管理局"，找到待审核业务进行审核，完成备案。

15. 出口商投保、保险公司审核

出口商在"业务办理"的"保险公司"处填写保单发给保险公司，然后登录辅助员身份，由"保险公司"中的"出口地保险公司"审核保险。

16. 出口商报关、出口海关审核报关单

出口商在"业务办理"中点击"海关"选择"报关"，填写出口货物报关单，提交给出口海关审核。注意：出口商在报关前需要到"外汇管理局"领取并填写核销单。

登录辅助员身份，先打开"海关"，再点击"出口地海关"，审核报关单，此后再放行。

17. 出口商放货、船公司发送提单、装船出运

出口报关通过后，出口商可进行放货操作。选择"船公司"下的"放货"，在目前的库存列表中选择商品放货。

登录辅助员身份，由船公司操作"发送提单"和"装船出运"，完成货物运输。

18. 出口商交单

出口货物装运之后，出口方应按合同要求正确缮制各种单证，送交托收行申请托收（实务中也可以办理出口托收押汇，本系统中不能押汇），从而完成一笔有效的出口任务。出口商应到"业务办理"中的"出口地银行"处进行交单。

交单时，需要准备汇票、提单、商业发票、装箱单、产地证。可以在"业务流程"图下方点击相关单据填制并保存提交。产地证在商检局处申请。注意：交单时需要在下拉列表中选择正确的交单银行。

19. 出口地银行审单、寄单

出口商交单后，登录出口地银行身份，在"单证管理"中进行审核，审核后操作"寄单"，单据将寄给进口地银行，等待进口地银行进行审单。注意：寄单时需要在下拉列表中选择正确的进口地银行。

20. 进口地银行收单、审单

进口地银行在"单证管理"下选择"收单"，然后审核单据。

21. 进口商承兑领单

进口商在"业务办理"菜单下选择"进口地银行"，点击"承兑"，进行汇票承兑，取得商业单据，凭单据提取货物。

22. 进口商换单、船公司发放正本提货单

进口商到船公司换取正本提货单。然后登录辅助员身份，在菜单下的船公司处审核提单，填写并发放正本提货单。

23. 进口报检、商检局审核进口报检单

进口商选择商检局，填写入境报检单后，保存提交，等待进口地商检局审核。登录辅助员身份，在进口地商检局处打开该报检单，完成审核，填写入境通关单，并确定发放。

24. 进口报关、海关审核进口报关单

进口商到进口地海关选择报关，填写入境报关单，填好后提交给进口地海关。登录辅助员身份，在进口地海关处审核报关单此后再放行。

25. 提货、销售

进口商报关通过后，便可以进行提货。进口商点击"业务办理"中的"船公司"完成提货。

进口商提货后，商品存放在"库存管理"中。进口商点击"我的工作"，在"商品销售"中选择商品，完成销售。销售金额将自动增加到进口商账户，进口商可以在财务管理中查看本笔贸易的盈利状况。至此，进口商端的业务流程完成。

26. 进口商在承兑期限电汇货款

进口商在承兑期限内应该在"业务办理"中找到进口地银行，选择"电汇"，把货款汇到出口地银行，注意一定要选对出口地银行。

27. 出口地银行支付货款

出口地银行在货款管理中查看未付款项，点击合同号进入，并将货款转入出口商账户。

28. 出口商结汇

出口商在"业务办理"中的"出口地银行"菜单下选择"结汇"，完成结汇。

29. 出口商申请收汇核销、外汇管理局核销

出口商到外汇管理局发送核销单，然后由辅助员菜单下的外汇管理局进行审核、核销。

30. 出口商申请出口退税、国税局退税

出口商到国税局进行退税，然后由辅助员菜单下的国税局进行审核、退税。至此，出口商端的业务流程完成。

第四节　T/T Before Shipment（出货前电汇）结算方式的实训

一、实训目的

（1）熟悉 CIF 下 T/T Before Shipment 结算方式的实训操作流程。

（2）掌握流程中合同、单据的正确缮制方法。

二、实训步骤

根据"业务流程"中的流程图的提示进行试验，每完成一项操作，流程图中该项方块图即变成红色。见图8-4。

注意：填写发票、装箱单等单据的步骤在流程图中没有体现，备案和报检前需要完成发票和装箱单的填写。进口商电汇后货款的流转过程也没有在流程图中体现，进口商电汇后货款在出口地银行处。出口地银行在进口商电汇后即可把货款打到出口商账户，出口商寄单后就能结汇。

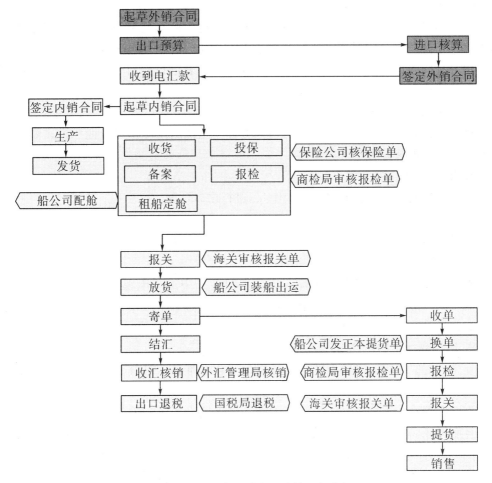

图8-4　CIF下出货前电汇结算业务流程

1. 出口商登录、发布供求信息和网络广告

首先登录出口商身份，进入工作平台，在工作平台点击"进入网站"，进入外贸网站，在外贸网站注册并登录。

出口商登录外贸网站的后台后，发布供求信息并添加广告。

2. 进口商登录、发布供求信息和网络广告

同出口商一样，进口商登录进入工作平台后点击"进入网站"即进入外贸网站，

在外贸网站注册并登录后台管理，即可发布供求信息和网络广告。

3. 出口商和进口商间的询盘、发盘、还盘和接受

出口商（或进口商）登录，进入外贸网站，浏览供求信息或者网络广告，找到并查看感兴趣的供求信息或网络广告。在信息页面最底端点击"邮件联系"，就会弹出邮箱系统，在邮箱系统右侧双击公司名称后，收件人一栏就会出现该公司地址。编辑主题和内容，发送一封询盘邮件。收到询盘邮件的一方登录后会看到邮件的滚动提示，查看询盘邮件后回复一份发盘邮件。然后双方可以进行还盘和复还盘，直至最后有一方接受，这是出口商就可以起草外销合同了。

4. 出口商起草外销合同

登录出口商身份，点击"业务办理"中的"进口商"起草外销合同（发邮件给进口商后，在外销合同填写页面才能选择进口商），合同中的付款方式选择 CFR、L/C。

填好合同内容后，保存并发送给进口商签订。若进口商对合同有异议，可修订合同，发还给出口商核对，双方认可后再签订。

5. 进口商签署外销合同

登录进口商身份，点击"业务办理"中的"出口商"，签署合同。进口商若对合同有异议，也可修订后签署。

6. 出口预算

登录出口商身份，点击"我的工作"，进行出口预算。

7. 进口核算

登录进口商身份，点击"我的工作"，进行进口核算。

8. 进口商电汇货款

进口商在"业务办理"里选择"进口地银行"中的"电汇"，把合同的货款汇到出口商关联的出口地银行。系统中设置将所有的货款都汇至出口地银行，出口地银行进行支付货款后出口商才可结汇。

9. 出口商起草内销合同

外销合同签订后，出口商就要进行出口货物的准备，寻找生产商生产所要出口的商品。

出口商可以在贸易平台的公司库中搜索生产商企业，查看其公司资料，在生产商信息页面最底端点击"邮件联系"，以邮件的方式进行询价，对所要生产的商品价格进行洽谈。双方满意后，出口商起草内销合同发送给生产商进行签署。当然，出口商也可以同时向多个生产商进行询价，从中比较价格高低，进而降低生产成本。

出口商起草内销合同，填写完毕（发邮件给生产商后，在内销合同填写页面才能选择生产商）后，保存并签字，发送给生产商确认。

10. 生产商签订内销合同

生产商在内销合同下方的"签字"页面签署内销合同。若有异议，可点击"修改"按钮，修改后签字发送给出口商确认。等双方协商好并都签字后，内销合同进入履约阶段。

生产商同意并签署合同后，内销合同签订成功，出口商可以等待收货。

11. 生产商进行生产和发货

内销合同签署后，生产商点击"组织生产"并发货给出口商。

12. 出口商收货

出口商在"业务办理"中找到"供应商"进行"收货"。收货的同时也要支付货款，如果没有足够的资金，可到银行贷款，然后收货；否则将不能收货。

13. 出口商租船订舱、船公司配舱

出口商在"业务办理"中找到"船公司"填写，"货物出运委托书"后提交给船公司。

登录辅助员身份，由船公司进行订舱，完成配舱业务。

14. 出口商备案、外汇管理局审核

备案时，需要准备的票据包括外销合同、装箱单、商业发票。装箱单和商业发票在"业务流程"图下方，点击相关单据填制并保存提交。

出口商到"外汇管理局"领取并填写核销单，填写好收汇核销单后保存（实务中是到外汇管理局领取核销单，到海关备案；系统中要求到外汇管理局备案）。登录辅助员身份，在菜单区选择"外汇管理局"，找到待审核业务进行审核，完成备案。

15. 出口商申请产地证、报检、出口商检审核并发放通关单

首先，登录出口商平台，在"业务办理"页面点击"商检局"，在弹出的页面选择"一般产地证"或者"普惠制产地证"进行产地证申请（前 T/T 中可以不申请产地证）。其次，在工作平台的"业务办理"中找到商检局填写好出口报检单并提交等待出口地商检局审核。最后，登录辅助员身份，在菜单区选择"出口地商检局"，打开出境货物报验单，点击"审核"按钮，完成审核，在弹出的窗口中发放通关单。

报检时，需要准备的票据包括外销合同、装箱单、商业发票。装箱单和商业发票在"业务流程"图下方，点击相关单据填制并保存提交。

16. 出口商投保

出口商在"业务办理"的"保险公司"处填写保单发给保险公司。

17. 出口地保险公司审核

登录辅助员身份，由"保险公司"中的"出口地保险公司"审核保险。

18. 出口商报关、出口海关审核报关单

出口商在"业务办理"中点击"海关"选择"报关"，填写出口货物报关单，提交给出口海关审核。注意：出口商在报关前需要到"外汇管理局"领取并填写核销单。

登录辅助员身份，先打开"海关"，再点击"出口地海关"，审核报关单，此后再放行。

19. 出口商放货、船公司发送提单、装船出运

出口报关通过后，出口商可进行放货操作。选择"船公司"下的"放货"，在目前的库存列表中选择商品放货。

登录辅助员身份，由船公司操作"发送提单"和"装船出运"，完成货物运输。

20. 出口商寄单

出口商在"业务办理"中找到进口商，点击进口商后在弹出的选项中选择"寄单

（T/T）"，单据就会直接寄给进口商。

寄单时，需要准备提单、商业发票、装箱单（前 T/T 中不需要汇票和产地证）。可以在"业务流程"图下方点击相关单据填制并保存提交。

21. 进口商收单

进口商在"业务办理"中找到出口商，点击出口商后在弹出的选项中选择"收单（T/T）"。

22. 进口商换单、船公司发放正本提货单

进口商到船公司点击"换单"换取正本提货单。然后登录辅助员身份，在菜单下的船公司处审核提单，并填写发放正本提货单。

23. 进口报检、商检局审核进口报检单

进口商选择商检局，填写入境报检单后，保存提交，等待进口地商检局审核。登录辅助员身份，在进口地商检局处打开该报检单，完成审核，填写入境通关单，并确定发放。

24. 进口报关、海关审核进口报关单

进口商到进口地海关选择报关，填写入境报关单，填好后提交给进口地海关。登录辅助员身份，在进口地海关处审核报关单，此后再放行。

25. 提货、销售

进口商报关通过后，便可以进行提货。进口商点击"业务办理"中的"船公司"，完成提货。

进口商提货后，商品存放在"库存管理"中。进口商点击"我的工作"，在"商品销售"中选择商品，完成销售。销售金额将自动增加到进口商账户，进口商可以在财务管理中查看本笔贸易的盈利状况。至此，进口商端的业务流程完成。

26. 出口地银行支付货款

出口地银行在进口商电汇（步骤8）后即可在货款管理中查看"未付款项"，点击合同号进入，并将货款转入出口商账户。

27. 出口商结汇

出口商在寄单（步骤20）后即可在"业务办理"中的"出口地银行"菜单下选择"结汇"来完成结汇。

28. 出口商申请收汇核销、外汇管理局核销

出口商到外汇管理局发送核销单，然后由辅助员菜单下的外汇管理局进行审核、核销。

29. 出口商申请出口退税、国税局退税

出口商到国税局进行退税，然后由辅助员菜单下的国税局进行审核、退税。至此，出口商端的业务流程完成。

第五节　T/T After Shipment（出货后电汇）结算方式的实训

一、实训目的

（1）熟悉 CIF 下 T/T After Shipment 结算方式的实训操作流程。

（2）掌握流程中合同、单据的正确缮制方法。

二、实训步骤

根据"业务流程"中的流程图的提示进行试验，每完成一项操作，流程图中该项方块图即变成红色。见图 8-5。

注意：填写发票、装箱单等单据的步骤在流程图中没有体现，备案和报检前需要完成发票和装箱单的填写。进口商收单后货款的流转过程也没有在流程图中体现，收单后进口商需要在进口地银行处把货款电汇给出口地银行，出口地银行再把货款打到出口商账户，这时出口商才能结汇。

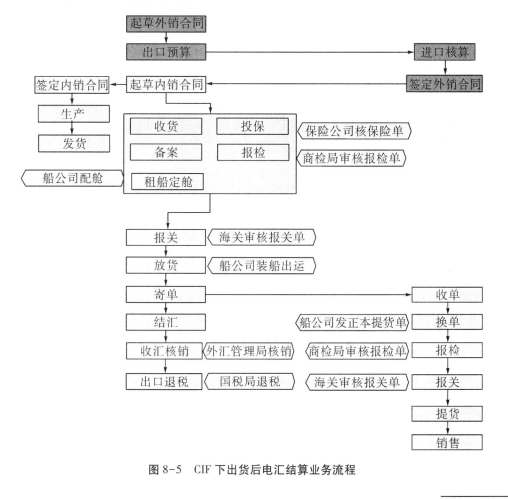

图 8-5　CIF 下出货后电汇结算业务流程

前 T/T 是款到生产、发货、发单，而后 T/T 是货到后几天收款或者收到全套单据后几天收款，两种结算方式的试验流程很相似。不同的地方在于：进口商是在收货或收单后再通过进口地银行把货款电汇给出口地银行，出口地银行在货款管理中进行付款后，出口商就可以顺利结汇。

1. 出口商登录、发布供求信息和网络广告

首先登录出口商身份，进入工作平台，在工作平台点击"进入网站"，进入外贸网站，在外贸网站注册并登录。

出口商登录外贸网站的后台后，发布供求信息和添加广告。

2. 进口商登录、发布供求信息和网络广告

同出口商一样，进口商登录进入工作平台后点击"进入网站"即进入外贸网站，在外贸网站注册并登录后台管理，即可发布供求信息和网络广告。

3. 出口商和进口商间的询盘、发盘、还盘和接受

出口商（或进口商）登录，进入外贸网站，浏览供求信息或者网络广告，找到并查看感兴趣的供求信息或网络广告。在信息页面最底端点击"邮件联系"，就会弹出邮箱系统，在邮箱系统右侧双击公司名称后，收件人一栏就会出现该公司地址。编辑主题和内容，发送一封询盘邮件。收到询盘邮件的一方登录后会看到邮件的滚动提示，查看询盘邮件后回复一份发盘邮件。然后双方可以进行还盘和复还盘，直至最后有一方接受，这是出口商就可以起草外销合同了。

4. 出口商起草外销合同

登录出口商身份，点击"业务办理"中的"进口商"起草外销合同（发邮件给进口商后，在外销合同填写页面才能选择进口商），合同中的付款方式选择 CFR、L/C。

填好合同内容后，保存并发送给进口商签订。若进口商对合同有异议，可修订合同，发还给出口商核对，双方认可后再签订。

5. 进口商签署外销合同

登录进口商身份，点击"业务办理"中的"出口商"，签署合同。进口商若对合同有异议，也可修订后签署。

6. 出口预算

登录出口商身份，点击"我的工作"，进行出口预算。

7. 进口核算

登录进口商身份，点击"我的工作"，进行进口核算。

8. 出口商起草内销合同

外销合同签订后，出口商就要进行出口货物的准备，寻找生产商生产所要出口的商品。

出口商可以在贸易平台的公司库中搜索生产商企业，查看其公司资料，在生产商信息页面最底端点击"邮件联系"，以邮件的方式进行询价，对所要生产的商品价格进行洽谈。双方满意后，出口商起草内销合同发送给生产商进行签署。当然，出口商也可以同时向多个生产商进行询价，从中比较价格高低，从而降低生产成本。

出口商起草内销合同，填写完毕（发邮件给生产商后，在内销合同填写页面才能

选择生产商）后，保存并签字，发送给生产商确认。

9. 生产商签订内销合同

生产商在内销合同下方的"签字"页面签署内销合同。若有异议，可点击"修改"按钮，修改后签字发送给出口商确认。等双方协商好并都签字后，内销合同进入履约阶段。

生产商同意并签署合同后，内销合同签订成功，出口商可以等待收货。

10. 生产商进行生产和发货

内销合同签署后，生产商点击"组织生产"并发货给出口商。

11. 出口商收货

出口商在"业务办理"中找到"供应商"进行"收货"。收货的同时也要支付货款，如果没有足够的资金，可到银行贷款，然后收货；否则将不能收货。

12. 出口商租船订舱、船公司配舱

出口商在"业务办理"中找到"船公司"填写，"货物出运委托书"后提交给船公司。

登录辅助员身份，由船公司进行订舱，完成配舱业务。

13. 出口商备案、外汇管理局审核

备案时，需要准备的票据包括外销合同、装箱单、商业发票。装箱单和商业发票在"业务流程"图下方，点击相关单据填制并保存提交。

出口商到"外汇管理局"领取并填写核销单，填写好收汇核销单后保存（实务中是到外汇管理局领取核销单，到海关备案；系统中要求到外汇管理局备案）。登录辅助员身份，在菜单区选择"外汇管理局"，找到待审核业务进行审核，备案完成。

14. 出口商申请产地证、报检、出口商检审核并发放通关单

首先，登录出口商平台，在"业务办理"页面点击"商检局"，在弹出的页面选择"一般产地证"或者"普惠制产地证"进行产地证申请（前 T/T 中可以不申请产地证）。其次，在工作平台的"业务办理"中找到商检局填写好出口报检单并提交等待出口地商检局审核。最后，登录辅助员身份，在菜单区选择"出口地商检局"，打开出境货物报验单，点击"审核"按钮，完成审核，在弹出的窗口中发放通关单。

报检时，需要准备的票据包括外销合同、装箱单、商业发票。装箱单和商业发票在"业务流程"图下方，点击相关单据填制并保存提交。

15. 出口商投保

出口商在"业务办理"的"保险公司"处填写保单发给保险公司。

16. 出口地保险公司审核

登录辅助员身份，由"保险公司"中的"出口地保险公司"审核保险。

17. 出口商报关、出口海关审核报关单

出口商在"业务办理"中点击"海关"，选择"报关"，填写出口货物报关单，提交给出口海关审核。注意：出口商在报关前需要到"外汇管理局"领取并填写核销单。

登录辅助员身份，先打开"海关"，再点击"出口地海关"，审核报关单，此后再放行。

18. 出口商放货、船公司发送提单、装船出运

出口报关通过后，出口商可进行放货操作。选择"船公司"下的"放货"，在目前的库存列表中选择商品放货。

登录辅助员身份，由船公司操作"发送提单"和"装船出运"，完成货物运输。

19. 出口商寄单

出口商在"业务办理"中找到进口商，点击进口商后在弹出的选项中选择"寄单（T/T）"，单据就会直接寄给进口商。

寄单时，需要准备提单、商业发票、装箱单（前 T/T 中不需要汇票和产地证）。可以在"业务流程"图下方点击相关单据填制并保存提交。

20. 进口商收单

进口商在"业务办理"中找到出口商，点击出口商后在弹出的选项中选择"收单（T/T）"。

21. 进口商换单、船公司发放正本提货单

货物到港后，进口商到船公司点击"换单"换取正本提货单。然后登录辅助员身份，在菜单下的船公司处审核提单，并填写发放正本提货单。

22. 进口报检、商检局审核进口报检单

进口商选择商检局，填写入境报检单后，保存提交，等待进口地商检局审核。登录辅助员身份，在进口地商检局处打开该报检单，完成审核，填写入境通关单，并确定发放。

23. 进口报关、海关审核进口报关单

进口商到进口地海关选择报关，填写入境报关单，填好后提交给进口地海关。登录辅助员身份，在进口地海关处审核报关单，此后再放行。

24. 提货、销售

进口商报关通过后，便可以进行提货。进口商点击"业务办理"中的"船公司"，完成提货。

进口商提货后，商品存放在"库存管理"中。进口商点击"我的工作"，在"商品销售"中选择商品，完成销售。销售金额将自动增加到进口商账户，进口商可以在财务管理中查看本笔贸易的盈利状况。至此，进口商端的业务流程完成。

25. 进口商电汇货款

进口商在收到提单或者提货后，在"业务办理"里选择"进口地银行"中的"电汇"，把合同项下的货款汇到出口商关联的出口地银行。系统中设置将所有的货款都汇至出口地银行而不是直接汇给出口商账户，出口地银行进行支付货款后出口商才可结汇。

26. 出口地银行支付货款

出口地银行在进口商电汇后即可在货款管理中查看"未付款项"，点击合同号进入，并将货款转入出口商账户。

27. 出口商结汇

出口地银行支付货款后，出口商即可在"业务办理"中的"出口地银行"菜单下

选择"结汇"来完成结汇。

28. 出口商申请收汇核销、外汇管理局核销

出口商到外汇管理局发送核销单，然后由辅助员菜单下的外汇管理局进行审核、核销。

29. 出口商申请出口退税、国税局退税

出口商到国税局进行退税，然后由辅助员菜单下的国税局进行审核、退税。至此，出口商端的业务流程完成。

参考文献

［1］黎孝先. 国际贸易实务［M］. 5 版. 北京：对外经济贸易大学出版社，2011.

［2］田运银. 国际贸易实务精讲［M］. 5 版. 北京：中国海关出版社，2012.

［3］吴国新. 国际贸易实务［M］. 2 版. 北京：机械工业出版社，2012.

［4］夏合群. 国际贸易实务模拟操作教程［M］. 2 版. 北京：对外经济贸易大学出版社，2011.

［5］崔玮. 国际贸易实务操作教程［M］. 北京：清华大学出版社，2005.

［6］尹显萍. 国际贸易实务实验教程［M］. 武汉：武汉大学出版社，2008.

［7］董佩佩. 国际贸易操作实训［M］. 杭州：浙江大学出版社，2009.

［8］于强. 国际贸易术语解释通则 Incoterms2010 深度解读与案例分析［M］. 北京：中国海关出版社，2011.